三线建设历史与文化研究丛书

本书为四川省社会科学"十三五"规划2020年度重大项目课题"新中国三线建设史料集成与口述史研究"（项目批准编号：SC20ZD002）的阶段性成果

钒钛之都　阳光花城
中国三线资源型城市攀枝花的转型之路

代璐遥　夏载明　著

西南交通大学出版社
·成都·

图书在版编目（CIP）数据

钒钛之都　阳光花城：中国三线资源型城市攀枝花的转型之路 / 代璐遥，夏载明著. — 成都：西南交通大学出版社，2022.5

ISBN 978-7-5643-8699-3

Ⅰ. ①钒… Ⅱ. ①代… ②夏… Ⅲ. ①城市经济 – 转型经济 – 研究 – 攀枝花市 Ⅳ. ①F299.277.13

中国版本图书馆 CIP 数据核字（2022）第 086833 号

Fan Tai zhi Du　Yangguang Huacheng
——Zhongguo Sanxian Ziyuanxing Chengshi Panzhihua de Zhuanxing zhi Lu

钒钛之都　阳光花城

—— 中国三线资源型城市攀枝花的转型之路

代璐遥　夏载明　著

责任编辑	郑丽娟
封面设计	原谋书装
出版发行	西南交通大学出版社 （四川省成都市金牛区二环路北一段 111 号 西南交通大学创新大厦 21 楼）
邮政编码	610031
发行部电话	028-87600564　028-87600533
网址	http://www.xnjdcbs.com
印刷	成都蜀通印务有限责任公司
成品尺寸	170 mm × 230 mm
印张	12
字数	144 千
版次	2022 年 5 月第 1 版
印次	2022 年 5 月第 1 次
书号	ISBN 978-7-5643-8699-3
定价	68.00 元

图书如有印装质量问题　本社负责退换
版权所有　盗版必究　举报电话：028-87600562

钒钛之都 阳光花城

序

改革开放四十余年来,中国社会取得了举世瞩目的成就。这些成就的取得与中国政府能够准确判断发展契机,及时把握发展机遇,在不同阶段主动调整发展战略的决策密切相关。资源型城市转型与发展问题是当前中国社会发展中面临的重大战略性课题之一,三线资源型城市的转型与发展问题又是其中重要的组成部分。攀枝花市作为三线建设中的特区城市,同其他三线资源型城市一样,正面临转型与发展这一严峻的现实问题,因此,对这一问题展开研究有着十分重大的现实意义。作为长期从事三线建设和中国资源型城市转型问题研究的学者,我在研究中国资源型城市转型问题的过程中发现,学术界关于中国城市转型问题研究的书籍比较丰富,但是专门从事中国三线资源型城市转型问题研究的书籍却十分有限。为此,我在经过充分调研的基础上,最终把"中国三线资源型城市转型问题"作为博士论文的选题,希望通过我的研究,在一定程度上突破这一局限,吸引更多的研究者从事这一领域的研究。

本书是我在泰国国立发展管理学院的博士论文修改而成,是一部用实证方法对中国三线资源型城市转型问题展开研究的学术著作，具有论点清晰、论证充分、数据丰富、逻辑严谨的特点，适合所有对城市转型问题感兴趣的读者，可以作为从事城市转型问题研究的学者的参考资料。我撰写这本书的目的就是希望使读者能够通过阅读本书，了解中国三线资源型城市转型问题的基本情况，看到中国三线资源型城市转型过程中存在的问题，为正在进行中的数量众多的中国三线资源型城市的顺利转型提供一些适当的方案与建议。

本书在筹备与写作过程中曾得到攀枝花学院副校长张旭辉教授的悉心指点，他为我的这项研究指点迷津，耐心地引领我踏上了这条城市转型的研究之路。同时，在本书的写作过程中，我还得到了我的博士论文导师、联合国亚洲总部专家顾问李育修博士的积极支持与帮助，使我在学术研究的方法上有了令人惊喜的突破。在本书出版之际，真诚感谢张旭辉副校长和李育修博士给予我的巨大帮助！

本书的第二作者夏载明曾多次和我一起进行个人访谈，参与问卷调查问题的讨论与定稿，完成个人访谈第一至三部分的撰写工作，同时协助我制作完成书中各类图表，并参与本书的多次校稿工作，为本书的最终完成起到了十分重要的作用。

本书是关于中国三线资源型城市转型问题思考与研究的成果，如果存在不当之处，欢迎同行和读者提出宝贵意见，我愿与同行和读者展开有益的讨论。

代璐遥

2022.4.13

钒钛之都 阳光花城

前 言

今日的中国，作为全球第二大经济体，在当今世界上，无疑是一个难以被忽视的存在。在中国备受关注的现实背后，却隐藏着一个真相：中国的辉煌是建立在强大的经济成就、和平崛起的政治理念以及足以维护国家独立与安全的国防实力基础之上的。

熟悉中国近代历史的人都清楚，1949年中华人民共和国成立时，中华大地满目疮痍，一穷二白。然而，许多人不清楚的是发生在1964年的一个重大事件——三线建设，用了不到20年的时间（1964—1980）就从基础上彻底改变了中国总体的工业面貌。准确地说，正是这场发生在1964—1980年的三线建设为中国后来几十年的改革与发展奠定了坚实的经济基础和军事基础。从某种意义上讲，今日中国的繁荣离不开当年三线建设为中国发展打下的坚实基础。在这场轰轰烈烈的三线建设中，伟大的三线建设者们用青春与生命建设出大量的三线城市，这些城市中的绝大多数成了后来中国繁荣的重要支柱。

在这些支撑起中国未来的三线城市中，包含了数量众多的三线资源型城市，目前已大多进入了转型发展阶段。关于资源型城市的转型与发展问题，无论在国内还是国外，都有学者做过十分细致和深入的研究，但是以往的研究主要集中于资源型城市的转型与发展，极少专门针对三线资源型城市展开研究。而事实上，三线资源型城市与一般资源型城市在战略布局和运营模式两个方面都存在着明显的差异。本书尝试把城市的转型发展与发生在新中国建设史上的重大国家战略布局——三线建设问题结合起来展开研究，希望探索出一条适合中国三线资源型城市转型与发展的路径。为了使本书所研究的问题更具有理论深度和现实借鉴意义，笔者选用案例研究的方法，选择四川省攀枝花市作为案例研究城市。同时，为了增强本研究内容的可信度，还选择与攀枝花市地位相当的城市——贵州省六盘水市作为对比研究城市，希望通过对比研究的方法，揭示出攀枝花市和六盘水市城市转型阶段所面临的问题，发现三线资源型城市转型的困境，找到影响三线资源型城市成功转型的关键性因素，结合已相对成熟的资源型城市转型理论和中国传统哲学智慧，总结出一套适合三线资源型城市特点，能够推动三线资源型城市成功转型的战略对策，为探索出一条推动三线资源型城市成功转型的发展道路奠定基础。

作　者
2022.4.13

目 录

绪 论 001

第一章 三线资源型城市转型的背景 007
    一、三线建设相关概念界定 008
    二、三线建设的必要性 009
    三、三线建设的开展 011
    四、三线建设的调整与改造 012

第二章 三线资源型城市转型相关理论 014
    一、三线建设相关理论 015
    二、资源型城市理论 021
    三、中国资源型城市转型理论 025
    四、产业转型理论 030
    五、中国传统辩证思维方法理论 034

第三章 三线资源型城市的基本特点 044
    一、三线资源型城市的特点 045
    二、三线建设特区——攀枝花市的特点 049
    三、三线建设重点城市——六盘水市的特点 055

第四章　三线资源型城市转型问题的研究方法　060
一、研究方法　061
二、数据来源　061
三、数据分析　066
四、具体研究方法　068

第五章　三线资源型城市转型的基本困境　072
一、布局困境造成的城市区位劣势　073
二、制度困境造成的城市经营劣势　080

第六章　三线资源型城市转型的基本对策　084
一、对"城市空间战略定位"的重新布局　085
二、对"城市经营战略定位"的重新规划　113

第七章　结　论　124
一、关于三线资源型城市困境的讨论　125
二、关于三线资源型城市转型对策的讨论　127
三、本研究的结论　130
四、本研究可能的影响与意义　132

参考文献　136

附录一　攀枝花学院学生在攀枝花市就业意向
　　　　　调查问卷　146

附录二　个人访谈记录（部分）　148

绪 论

在人类发展历史上偶尔会出现这样一种情况：一项重大的历史事件发生了，对某一国或某一地区也产生了巨大影响，但或出于安全考虑，或由于客观上信息流通渠道不畅的缘故，在它发生时未能引起外界应有的关注，最终导致这一重大历史事件就如同一颗表面被蒙上了厚重尘埃的钻石，让后来的人难以发现它的真实价值。发生在20世纪六七十年代中国的"三线建设"，就是这样一类事件，它虽然对当代中国社会产生了重大影响，却被中国之外的学术界普遍忽视。三线建设对当代中国的影响主要包括以下两个方面。

第一，从中国整体工业的战略布局看，三线建设改善了中国工业不合理的布局，促进了中国经济的长远发展。[①]中华人民共和国成立之前，各地区经济发展很不均衡，超过70%的工业集中在不到国土面积12%的东部地区[②]，相反，资源储量大、面积广的内陆地区和国土边缘地带的少数民族较为集中的区域却几乎没有什么像样的工业[③]。此类畸形的工业分布状况使得沿海地区工业与内地的原燃料产地彼此分离，大量的内地资源无法被开发与利用，客观上影响了国家总体经济的发展。发生在1964年到1980年的三线建设，历时16年，使中国内地的工业从无到有，在一定程度上改变了中华人民共和国成立初期不合理的工业布局。从1964年到1980年，政府对三线建设地区累计投资2052.68亿元，占同期全国投资的39.01%；从1966年至1980年的三个五年计划，三线地区

---

① 李彩华. 三线建设研究述评[J]. 社会科学战线, 2011（10）: 98-102.
② 仲海涛. 中国共产党区域发展理念演变对三线建设、调整改造的影响[J]. 东北师大学报, 2011, 251（3）: 5-7.
③ 段娟. 中国共产党推进区域分工协作的探索及其启示——以新中国成立后至改革开放为研究时限[J]. 兰州商学院学报, 2011, 27（6）: 23-30.

基本建设新增固定资产1145亿元，占全国同期新增的33.58%；从1964年到1980年，三线地区的工业固定资产原值由286.81亿元增加为1435.98亿元，增长了4倍，其在全国的占比从29.12%增长到38.5%。①三线建设总共投资2000多亿，几百万人力，安排几千个建设项目，使比较落后的西部地区在短期内初步建立起了门类比较齐全的工业体系，形成了一批新的生产基地和可观的生产能力。②

第二，从中国国家安全的角度看，三线建设改变了中国国防工业的整体面貌，基本建成了比较完善的国防工业体系。1949年中华人民共和国成立时，中国的国防工业基础十分脆弱，仅有军工企业76个，其中包括兵工厂45个、航空中心修理工厂6个、无线电器材厂17个、船舶修造厂8个。③这些技术落后且设备简单的工厂，只能对舰艇飞机等重型装备做一般日常维修，同时制造简易的枪炮等。④朝鲜战争早期，中国军队使用的武器大多是抗日战争和解放战争中遗留的，空军和陆军的很多装备均来自苏联的援助（申晓勇等，2016）。⑤三线建设借鉴了苏联在卫国战争时期的经验与教训⑥，在中国内陆地区建成了从导弹核武器到常规武器的门类齐全的国防工业体系，为中国应对各类复杂的国际局势奠定了基础⑦，在较大程度上解决了中国近代以来在国家安全方面的后顾之忧。

---

① 国家统计局固定资产投资统计司.中国固定资产投资统计年鉴（1950—1995）[M].北京：中国统计出版社，1997：78-83.
② 孙泽学.当代中国三次西部开发的历史比较[J].华中师范大学学报，2001，40（3）：32-37.
③ 谢光.当代中国的国防科技事业（上）[M].北京：当代中国出版社，1992：6.
④ 申晓勇，武力.中国国防工业与经济发展互动研究（1949—2015）[J].中国经济研究，2016（5）：93-101.
⑤ 申晓勇，武力.中国国防工业与经济发展互动研究（1949—2015）[J].中国经济研究，2016（5）：93-101.
⑥ 李彩华.三线建设研究述评[J].社会科学战线，2011（10）：98-102.
⑦ 马泉山.再谈三线建设的评价问题[J].当代中国史研究，2011，18（6）：63-70.

然而，人们对于三线建设的评价并不都是肯定的。即使是在中国，对于三线建设也存在三种不同的看法。第一种看法认为，三线建设不仅改善了内地国防工业的面貌，推动了内地经济文化的发展，而且三线建设者所表现出的无私奉献与艰苦奋斗应成为中华民族的一笔精神财富。① 第二种看法认为，三线建设无论是在规模和布局还是在经济结构和管理上，都存在较为严重的问题，如规模太大，布局分散，经济结构单一，管理也很保守落后，发生过许多违背经济规律的事情。② 过于庞大的三线建设投资给中国经济建设带来了较大的负面影响，加深了西部地区经济结构方面的矛盾。③ 三线建设不仅直接损失高达百亿元，而且，把资金投向偏远落后地区，加上"文化大革命"的影响，使中国错过了 20 世纪 60 年代末到 70 年代初的世界新技术革命浪潮，错失了一次发展良机。④ 第三种看法认为，三线建设在战略上是成功的，在战术上存在较大失误。⑤ 从战略战术的得失看，得的影响是长期的，失的影响是短暂的。⑥

无论从所取得的成就还是经验教训的角度看，三线建设的影响都是长久的。尽管到 1980 年前后，"三线建设"作为中国建设史上一个重要的历史阶段已经结束，但在这一历史时期建立和发展起来的众多建设项目仍在继续发挥着巨大的影响力。当年出于国防安全方面的考虑，在三线建设项目的布局中普遍遵循了"靠山、分散、隐蔽"的原则，在此类

---

① 马英民. 当代中国建设史上的创举——三线建设[J]. 北京党史研究，1997（1）：22-26.
② 李彩华. 三线建设研究述评[J]. 社会科学战线，2011（10）：98-102.
③ 周良民. 西部开发历史进程的回顾与思考[J]. 世界科技研究与发展，2000（4）：72-76.
④ 徐焰. "革命加战争还是和平与发展"——五十年来我国对时代特点的认识[J]. 百年潮，1999（3）：34-42.
⑤ 郄翊光. 我国生产力宏观布局"西进"和"东回"战略转移的评价[J]. 云南地理环境研究，1990，2（2）：1-7.
⑥ 马泉山. 再谈三线建设的评价问题[J]. 当代中国史研究，2011，18（6）：63-70.

原则下建立起来的三线建设项目，在满足战时安全需要的同时却造成了人力物力的巨大浪费，使大量三线企业生产长期处于低效率甚至停滞的状况。为了纠正现实中存在的问题，20世纪80年代初，政府对三线建设中的1945项（含竣工企事业609个）建设项目做出深入调研后，给予了相对客观的评价：在三线建设的项目中，929个项目属于成功的项目，占48%；871个项目属于基本成功的项目，占46%；145个项目属于不成功的项目，占7%。于是从1984年开始一直到21世纪初，政府开启了大规模的"三线建设"项目搬迁和调整工作①，这一轮调整与搬迁工作在一定程度上纠正了三线建设在布局等方面的错误。

  因三线建设项目而兴起的城市多数属于资源型城市，历经半个世纪的开发，无论当时成功与否，大多都进入了资源型城市生命周期的资源枯竭期或产能滞后阶段，开始面临着城市产业转型与发展的难题。与此同时，尽管目前学术界对于资源型城市转型对策的研究已十分成熟，然而对于具备特殊历史定位与布局特点的中国三线建设资源型城市转型问题的研究十分少见。本书以三线建设的特区城市——攀枝花市为典型案例，通过实地调研和深入研究，找出推动三线资源型城市成功转型的关键性因素，尝试探索出一套关于三线资源型城市转型的系统对策，为三线资源型城市转型实践提供指导方案。

  本书的理论意义在于：首先，新颖的理论切入角度。20世纪90年代，随着关于三线建设的各类档案的解密，对于三线建设问题的研究从无到有，从宏观到微观，从历史政治到生活艺术，学界尤其是中国本土学者表现出了越来越高的热情。到2018年8月，仅在中国知网所收集的各类论文就有千余篇。到目前为止，国内学者对于三线建设的

---

① 周明长. 三线建设调整改造与重点区域城市发展[J]. 贵州社会科学，2016，322（10）：46-53.

研究主要集中在历史回顾与评价、领袖人物的参与、影响与功绩、三线建设与西部大开发、三线建设与城市化进程、三线建设与区域发展战略、三线建设的搬迁与搬迁个案、市民生活文化与艺术方面的变迁等角度，而对于三线建设中资源型城市面临的生命周期困境、产能落后问题及转型瓶颈等问题的研究却不多见。与此同时，学界对于资源型城市转型问题的研究成果无论是在数量上还是在质量上都达到了一定的高度。因此，本书决定以此为切入点，通过把相对成熟的资源型城市的转型问题理论研究引入对三线资源型城市转型问题的研究，结合三线资源型城市自身形成和发展的历史与特点，揭示出使三线资源型城市陷入转型发展困境的基本因素，并在此基础上，结合中华民族传统的哲学思维理念，探索出一条系统的中国特色的三线资源型城市转型的方法与路径，为从事三线资源型城市转型发展理论研究的学者提供一种可供选择与借鉴的研究方案。其次，独特的理论研究视角。以往学者对于中国资源型城市转型发展问题的研究更多是从经济的角度展开，很少有学者从历史和政治的角度入手展开对中国资源型城市的研究。而对于三线资源型城市转型发展问题而言，仅从经济的角度展开分析，将很难对三线资源型城市在转型中所遭遇的困境做出全面、系统、准确和透彻的分析与把握，在此前提下，也很难提出行之有效的对策。这是本书在三线资源型城市转型发展问题研究方面的一次理论发现与突破，希望这一突破能为三线资源型城市转型问题的研究者提供一种新的思路。最后，别具一格的中国传统哲学导入。在对三线资源型城市转型发展对策的研究中，本书尝试引入中国传统的儒家整体循环理论与道家辩证思维理论，结合三线资源型城市自身的特点，从城市发展战略的高度，提出了"走出去与引进来"的整体经营战略和"刚柔相济、内外相合、动静相应"的具体经营战略。这些对策的提出，对于推动三线资源型城市转型发展战略对策体系的构建将产生一定积极作用，这也是本书的一个理论创新点。

本书的现实意义在于：20世纪六七十年代，面对巨大的战争威胁，大规模的三线资源型城市的兴起与发展曾承担起挽救中华民族危机的重大责任与义务，起到了扭转国际时局和中国命运的作用。然而，在经历了超过半个世纪的建设后，三线资源型城市纷纷进入了转型发展阶段，其中许多三线资源型城市陷入了不同程度的转型发展困境。三线资源型城市所面临的转型困境问题是中国现代城市建设进程中正在面临的一个现实问题，而三线资源型城市数量众多，从某种意义上讲，这些城市转型的成败将可能在一定程度上影响着中国未来的发展。因此，如何借助已有的理论和成功的经验，找到突破现实困境的方法与路径，有着十分重要的现实意义。首先，本书选择一个典型的三线资源型城市案例——攀枝花市，同时对比三线重点城市——六盘水市，对这两座城市在转型发展中遭遇的困境，结合三线资源型城市的历史发展，展开深入研究，找出三线资源型城市与普通资源型城市之间的差异，并结合中国传统哲学思想，尝试推出了一系列突破三线资源型城市转型发展困境的宏观战略与对策，这些战略与对策将对推动当代中国三线资源型城市的成功转型实践提供一定的参考与借鉴。其次，本书结合了一些国际上已经实现成功转型的著名资源型城市案例，如德国鲁尔区、日本东京和英国伦敦等，尽管有的案例城市并不具备中国三线城市在布局等方面的特点，但是它们对于城市转型前的总体规划设计、转型过程中的管理与控制以及转型后的追踪与引导，都能为中国的三线资源型城市找到转型发展的对策提供有益的指导与经验借鉴。

第一章

三线资源型城市转型的背景

一、三线建设相关概念界定

三线建设是 20 世纪 60 年代中期至 70 年代末，中国出于国防战备考虑而在全国范围内进行的一次规模宏大的战略布局调整，其重点在于在建立起以军事工业为基础的规模庞大的现代工业体系，以应对可能到来的战争威胁。①从 1964 年年末开始，中国政府把大量资金投入内地，同时从东部地区搬迁了大量的企业，调派了大批干部和工人前往内地三线地区，三线建设成为 20 世纪六七十年代中国政府一项重大的工作。

三线地区是一个军事地理概念，是中国政府根据国境线对中国内地各地区战略地位的重要性划分出三条线而形成的地区。一线地区为沿海和边境的省区；三线地区主要包括西南的云（云南）贵（贵州）川（四川）和西北的陕（陕西）甘（甘肃）宁（宁夏）青（青海）七个省区，以及河南、湖北、湖南、山西、广东和广西等省区靠近内地的区域；二线地区是处在第一线和第三线之间的区域。②

三线建设在投资规模和战略布局方面都对中国工业化进程和中国国民经济产生了深远的影响。③与此同时，三线建设还是中国历史上一次有计划的西部开发运动，它的规模超过国民政府 1937—1945 年的沿海工业内迁以及开始于 2001 年的西部大开发。

---

① 徐有威，陈熙. 三线建设对中国工业经济及城市化的影响[J]. 当代中国史研究，2015，22（4）：81-92.
② 郑有贵，张鸿春. 三线建设和西部大开发中的攀枝花[M]. 北京：当代中国出版社，2013：28.
③ 徐有威，陈熙. 三线建设对中国工业经济及城市化的影响[J]. 当代中国史研究，2015，22（4）：81-92.

二、三线建设的必要性

多年来,关于三线建设的必要性问题,一直是学界争论的焦点。认为有必要的一方多把当年冷战状态下美国对中国的敌视态度和越南战争的发生作为证据,证明中国正面临着迫在眉睫的战争威胁。而认为没有必要的一方则更多站在事后事实证明战争并未真实发生,认为战争威胁一说纯属中国政府的过度反应。直到美国的一批 1964 年的档案因为 30 年期满解密和苏联的一些机密档案泄露,再加上中国在 20 世纪 90 年代部分档案解密,中国政府在 20 世纪 60 年代所面临的严峻复杂的国际形势才逐渐清晰地呈现在人们的面前。从档案揭秘的内容看,20 世纪 60 年代中叶,美国政府事实上曾制定过对中国实施突然打击的计划;1969 年中苏发生了珍宝岛冲突前后,苏共最高领导层也讨论过对中国发动核战争的计划。[1]事实上,20 世纪 60 年代刚刚经历过三年国内经济困境的中国分别受到了来自东、南、西、北四个方面战争的威胁。

首先,来自东部沿海地区的威胁。美国的卫星和侦察机不断到中国大陆监测军事情报,并制定过对中国大陆实施核打击的计划,与此同时,先后于 1961 年、1962 年、1968 年、1970 年开展了 4 次核战争军事演习,这些演习均以中国作为假想敌。美国在这些演习中虽然没有使用核武器,却制定了多项用核武器打击中国的方案。[2]

---

[1] 陈东林.三线建设——备战时期的西部开发[M].北京:中共中央党校出版社,2003:393

[2] 陈东林.三线建设——备战时期的西部开发[M].北京:中共中央党校出版社,2003:74.

其次，来自南面的威胁。如果我们把来自东面的核战争军事演习仅仅看成可能的战争威胁的话，那么在中国南方所面临的就是迫在眉睫的战争威胁。1962 年，美国在越南的侵略战争开始逐步升级，对南越政权的支持由出钱出物发展到直接派出军事顾问和特种部队参与。1964 年美国开始持续轰炸越南北部地区，1965 年向越南派兵，人数陆续增加到几十万人。同时美国还发出针对中国的一些战争威胁舆论，使中国政府感受到了自朝鲜战争以来又一次空前的战争威胁。

再次，来自西面的威胁。从 1961 年开始，印度军队在美、苏、英等国的支持下，不断在中印边界挑起事端，并于 1962 年 10 月和 11 月两次入侵中国领土，中国军队被迫展开反击。中国军队击溃印军，将其赶出中国国境，但是中印边境军事对峙并没有得到彻底的缓和。

最后，来自北面的威胁。斯大林去世后，中苏关系逐渐交恶。1960 年起，苏联方面开始在中国和苏联的边境地区挑起各类事端，包括策动大量中国民众逃往苏联。此外，1963 年 7 月，苏联还与蒙古签订了《关于苏联帮助蒙古加强南部边界防务的协定》，并开始在中国和蒙古的边境布置重兵，威胁中国领土安全。1969 年中苏之间在中国黑龙江省的珍宝岛发生大规模武装冲突，结果以苏联军队被打退而告终。此后，苏联领导人多次在苏联政治局会议上讨论对中国使用核武器的问题，并把准备打击中国核设施的意图告知了东欧国家。①

东南西北，四面包围，来自中国周边一触即发的战争威胁，给中国政府带来了巨大的国防压力。在如此形势下，中国政府做出三线建设的战略布局也在情理之中。

---

① 陈东林. 三线建设——备战时期的西部开发[M]. 北京：中共中央党校出版社，2003：77-80.

三、三线建设的开展

三线建设分成"大三线建设"和"小三线建设"。其中,"大三线"是指中国西南的云南、贵州、四川和西北的陕西、甘肃、宁夏、青海地区,是国家的腹地,三线建设的重中之重,其中西南又重于西北;而"小三线"则指的是一、二线地区的腹地。从总体上讲,开展大三线建设是为了在中国内地建构一个相对完整的国防工业体系,以应对中国随时可能遭遇的战争威胁。[1]

从1964年到1980年的三线建设共经历了1964年和1969年两次建设高潮。

第一次高潮。三线建设开始,首先进行的是西南地区的整体布局和重点项目调查选址工作,最初在西南部署的有三大重点:攀枝花钢铁基地(后因此而新建了攀枝花市)、六盘水煤炭基地(后因此新建了六盘水市)、成昆铁路。从1964年下半年到1965年春季,西南各重点项目全面开始施工。从全国各地调配过来的首批施工人员前往成昆铁路、攀枝花、六盘水等地,开始了基础设施的建设。这些参与施工的人员包括从中央选派的干部,从各科研机构抽调的科研工作者,从众多老工业基地调来的工程管理者、一线骨干工人等,人数超过百万之众。自1964年秋到1965年的建设高潮时期,仅四川一地,总人数就达到了三百万之多。攀枝花钢铁工业基地是西南地区三线建设第一个重点项目。[2]

---

[1] 陈东林. 三线建设——备战时期的西部开发[M]. 北京:中共中央党校出版社,2003:125-127.
[2] 陈东林. 三线建设——备战时期的西部开发[M]. 北京:中共中央党校出版社,2003:126-127.

第二次高潮。1969年中苏珍宝岛武装冲突，将中国再次推向了紧张的战备状态，因"文化大革命"而陷入停滞和半停滞的三线建设再次进入了高潮时期。国家加大了对三线建设的投入，仅1970年和1971年就投入了79.2亿元人民币，比1964年到1966年三年的总投资额还多出了19.26亿元。[①]

四、三线建设的调整与改造

20世纪80年代后，随着国际国内形势的变化，中国所面临的战争威胁有了较大的缓解，邓小平提出"和平与发展"成为时代的主题，中国进入了改革开放的阶段。由于国内工作重点的变化，中国政府开始把投资的重点转到沿海一线地区，大量减少对国防项目的投资，许多三线建设的企业陷入了困境。

1983年12月3日，《关于成立三线建设调整改造规划办公室的通知》（国发〔1983〕187号）决定在成都设立国务院三线建设调整改造规划办公室（20世纪90年代改为国家计委三线建设调整办公室，21世纪后又改名为国防科工委三线协调中心）。1984年11月在成都召开会议，通过《"七五"三线地区企事业单位调整方案》，确定了第一批调整121个三线建设单位，搬迁合并48个，全部转产15个。1991年国家计委批复《"八五"三线地区企事业单位调整方案》，确定调整115个单位。1996年国家批准"九五"调整单位38个。此外，从"九五"到"十一五"还安排了169个调整项目。[②]在此期间，一些三线企业陆

---

① 陈东林. 三线建设——备战时期的西部开发[M]. 北京：中共中央党校出版社，2003：203.

② 周明长. 三线建设调整改造与重点区域城市发展[J]. 贵州社会科学，2016，322（10）：46-53.

续迁往中小城市，技术密集企业则迁往大城市。部分在选址等方面趋于合理的企业实现成功转型，继续成为当地的工业支柱。如三线建设的特区城市——四川省攀枝花市便成功实现了转型，推动了产业链的延伸，该市的支柱性企业——攀枝花钢铁（集团）公司从一个单纯的生产钢铁原材料的单位变身成为拥有多种成熟的工业产品的企业。2008年，该公司成为四川省首家营业额突破500亿元的企业（完成营业收入522.6亿元），其所生产的钢轨、板材、钢材、棒线材、特钢等产品畅销国内并出口欧美、东南亚等十多个国家和地区，攀枝花钒钛产业园区成为国内最大的钒钛原料基地和钒钛钢铁生产基地。[1]

然而，因为三线建设项目而发展起来的城市多属于资源型城市，如位于西南地区的攀枝花市，因具有丰富的矿产资源而闻名于世，钢铁生产是其支柱性产业。近年来由于受国内钢铁产能过剩、国际钢铁价格暴跌的影响，企业与城市同时陷入发展困局，与其他同属于资源型城市并且正在遭遇资源枯竭或产能落后困境的三线建设城市一样，陷入了城市发展与转型的困境。

---

[1] 郑有贵，张鸿春. 三线建设和西部大开发中的攀枝花[M]. 北京：当代中国出版社，2013：284.

第二章

三线资源型城市转型相关理论

一、三线建设相关理论

三线建设是中国现代历史上一场规模宏大、影响深远的事件，尽管它发生于 1964 年到 1980 年期间，人们对它的研究却是从 20 世纪 90 年代开始的。对于三线建设的研究态度，学界差异很大，显示出两种截然相反的态度。中国本土学者对三线建设的研究表现出了极高的热情，截至 2018 年 8 月，中国最大的学术论文搜索平台——"中国知网"共收集了关于三线建设的各类文献 1558 篇，其中硕博论文 110 篇，期刊论文 946 篇，仅发表在 CSSCI 期刊上的论文就有 155 篇。与此同时，国外学者对三线建设的研究较少，其深度和广度难以与中国本土学者相比，因此其影响力常常被后来的研究者忽略不计。中国本土学者对三线建设的研究可以分成研究准备阶段、研究初期阶段和系统研究阶段。

第一阶段是研究准备阶段（20 世纪 80 年代至 90 年代前期）。20 世纪 80 年代以前，在紧张的国际背景下，三线建设信息基本处于保密状态[①]，三线建设的内容被政府禁止出现在公开发表的报刊上[②]。20 世纪 80 年代以后，国际局势趋于缓和，国内着手进行经济领域的整顿与调整，三线建设进入调整改造时期，国内的报刊上才逐渐出现了一些记录三线建设历史的文字，主要包括《彭德怀在三线》[③]和《程子华回忆录》[④]此类参加过三线建设的领导的传记与回忆录，《中华人民共和

---

① 张勇. 历史书写与公众参与——以三线建设为中心的考察[J]. 东南学术，2018（2）：223-232.
② 徐有威，陈熙. 三线建设对中国工业经济及城市化的影响[J]. 当代中国史研究，2015，22（4）：81-92.
③ 王春才. 彭德怀在三线[M]. 成都：四川人民出版社，1989.
④ 程子华. 程子华回忆录[M]. 北京：解放军出版社，1987.

国经济史（1967—1984）》①和《甘肃三线建设》②这类由政府部门编写的资料，以及一些三线建设纪实文学、各三线企业的厂志和厂史等。这些内容多有"官方"背景，或由相关部门组织编撰，或由企业组织编写，极少来自民间的个人记述。这一阶段对三线建设展开学术研究的论文数量较少，主要围绕工业布局、经济效益、宏观总体评价等角度对三线建设展开了讨论。首先，肖敏和孔繁敏从工业布局方面肯定三线建设的意义，认为想要改变中国近代以来不合理的工业布局是推动毛泽东开展三线建设的重要原因③；林凌和李树桂也在《中国三线生产布局问题研究》④一书中从经济布局的角度对三线建设展开了较深入的研究。其次，阎放鸣从经济效益的角度揭示了三线建设对中国经济社会发展造成的巨大浪费，他指出，1966年至1978年，有大约300多亿元的资金被非必要地消耗和浪费在基本建设之中，这个比例大约占同一时期国家三线建设投资总额的18%以上。⑤再次，李宗植在《我国三线建设及其得失浅析》⑥一文中对三线建设对改变中国东西布局不平衡状况，促进内陆地区发展的作用给予了较充分的肯定，同时对三线建设中规模过大、要求过急、没有兼顾近期与远期利益、经济效益差，导致农轻重、新老企业、新旧基地、生产生活等比例严重失调的问题提出了尖锐的批评。综合以上这些研究，尽管研究成果的数量较少，

---

① 赵德馨. 中华人民共和国经济史（1967—1984）[M]. 郑州：河南人民出版社，1989.
② 甘肃省三线建设调整改造规划领导小组办公室. 甘肃三线建设[M]. 兰州：兰州大学出版社，1983.
③ 肖敏，孔繁敏. 三线建设的决策、布局和建设历史考察[J]. 经济科学，1989（2）：63-67.
④ 林凌，李树桂. 中国三线生产布局问题研究[M]. 成都：四川科学技术出版社，1992.
⑤ 阎放鸣. 论我国第二次成套设备的大引进[J]. 中国经济史研究，1988（1）：146-154.
⑥ 李宗植. 我国三线建设及其得失浅析[J]. 兰州大学学报，1988（3）：17-23.

却也反映出后来学术界关于三线建设"毁誉参半"评价争议的端倪。

第二阶段是研究初期阶段（20世纪90年代中后期至21世纪初）。随着三线建设信息的逐渐解密，以及西部大开发政策的出台，三线建设开始受到学术界和普通民众的关注。这一阶段的研究成果开始增多，研究内容也变得广泛起来。这些内容大致可以归为综合文献收集整理、历史学与经济学研究、与西部大开发相关的研究三大类。

综合文献收集整理：这一阶段的文献收集整理已出现一定规模，出版了《新中国工业经济史（1966—1978）》[1]《中国大三线》[2]和《共和国要事口述史》[3]等，这些文献的整理与汇编对未来的三线建设研究者有着十分重要的意义。

历史学与经济学研究：这一阶段在历史学与经济学研究方面内容十分丰富，数量上也具备了一定规模，包括《三线建设决策始末》[4]《当代中国建设史上的创举——三线建设》[5]《从吃穿用计划到战备计划》[6]《六十年代中期中共转变经济建设方针的原由》[7]《三线建设的均衡与效益问题辨析》[8]《三线建设的回顾与反思》[9]《新疆三线建设初探》[10]《论三线建设与技术扩散》[11]等。这些研究从三线建设的原因、背景、实施

---

[1] 马泉山. 新中国工业经济史（1966—1978）[M]. 北京：经济管理出版社，1998.
[2] 王春才. 中国大三线[M]. 成都：四川人民出版社，1997.
[3] 朱元石. 共和国要事口述史[M]. 长沙：湖南人民出版社，1999.
[4] 孙东生. 三线建设决策始末[J]. 党史天地，1998（5）：26-29.
[5] 马英民. 当代中国建设史上的创举——三线建设[J]. 北京党史研究，1997（1）.
[6] 陈东林. 从吃穿用计划到战备计划[J]. 当代中国史研究，1997（2）：65-75.
[7] 王培. 六十年代中期中共转变经济建设方针的原由[J]. 北京党史研究，1997，110（3）：24-27.
[8] 李曙新. 三线建设的均衡与效益问题辨析[J]. 中国经济史研究，1999（4）：108-117.
[9] 宋宜昌. 三线建设的回顾与反思[J]. 战略与管理，1996（3）：82-90.
[10] 高新生. 新疆三线建设初探[J]. 新疆大学学报，1999，27（1）：76-78.
[11] 熊红芳. 论三线建设与技术扩散[J]. 工业技术经济，1998，17（1）：39-41.

过程、影响效应、历史评价、调整改造等角度入手，把三线建设的历史清晰地呈现在公众的面前。

与西部大开发相关的研究：20世纪末期，中国政府推出西部大开发政策，三线建设及其研究很自然地被与西部大开发的内容联系在了一起。西部大开发被誉为面向21世纪的大战略，对于摆脱三线建设布局不合理带来的困境有着重要的现实意义。①这一阶段的研究者在比较当代中国历史上三次西部大开发后，普遍认同三线建设为20世纪末的西部大开发奠定了基础②，认为西部大开发是对三线建设形成的现有技术经济基础的利用③。也有学者从历史比较的角度对改革开放前30年中国的西部开发效果做出了总结，认为它缩小了东西部地区的差距，但同时严重影响了新增生产力的经济效益。④根据1981年的统计，每百元固定资产原值提供的产值，上海为290.4元，广州为209.9元，天津为173.8元，南京为172.5元，而作为三线城市的兰州只有65.8元，太原只有61.5元。有学者直接指出三线建设虽然成绩巨大，但并不完全成功，它应成为西部大开发的借鉴，西部开发不能走计划经济的老路。⑤

第三阶段是系统研究阶段（21世纪至今）。这一阶段的研究成果变得丰富起来，对三线建设的研究开始呈现系统化和成熟化趋势。从著作方面看，《三线建设——备战时期的西部开发》⑥是第一本系统研究三

---

① 陈栋生. 对西部开发的几点思考[J]. 中国工业经济, 2000（4）: 42-45.
② 孙泽学. 当代中国三次西部开发的历史比较[J]. 华中师范大学学报, 2001, 40（3）: 32-37.
③ 林凌, 刘世庆. 关于西部大开发战略的讨论[J]. 改革, 2000（2）: 65-72.
④ 杨兵杰. 改革开放前三十年中国开发西部的思想与政策评析[J]. 经济问题探索, 2002（9）: 5-11.
⑤ 王庭科. 三线建设与西部大开发[J]. 上海党史研究, 2000（5）: 31-34.
⑥ 陈东林. 三线建设——备战时期的西部开发[M]. 北京：中共中央党校出版社, 2003.

线建设的专著，该书对三线建设的决策背景、实施过程、历史评价、与西部大开发的关系等方面的问题进行了较深入的探讨。此外，对三线建设的研究具有一定影响力的学术专著还包括《三线建设与西部大开发》[1]和《三线建设和西部大开发中的攀枝花》[2]等，这些著作分别讨论了各省区的三线建设历史以及西部大开发政策，三线建设的历史成就、调整改造与历史经验，三线建设特区城市攀枝花市的资源勘探、战略决策、实施过程与经验总结等方面的内容，主要从历史的角度系统再现了三线建设这一重大历史事件。与此同时，在学术论文方面，这一阶段无论从数量还是从质量角度看都较以往有了比较大的突破与发展。

这一阶段的学术研究除了继续进行与前一阶段相似的三线建设系统文献收集整理工作和从宏观上对三线建设的功过是非加以综合评价外，还呈现出三个新的明显趋势。其一，从研究的视角看，开始从宏观转向微观，从以往多集中于三线建设历史背景与评价的宏观视角转向三线建设给民众社会生活文化带来的深层影响的微观视角。例如，一些学者开始讨论三线建设中的工农关系[3]、三线建设中的移民问题[4]、三线人身份的认同与构建[5]、三线单位的搬迁[6]、三线建设背景下的文化分析与

---

[1] 何郝炬，何仁仲，向嘉贵. 三线建设与西部大开发[M]. 北京：当代中国出版社，2003.
[2] 郑有贵，张鸿春. 三线建设和西部大开发中的攀枝花[M]. 北京：当代中国出版社，2013.
[3] 崔一楠，赵洋. 潜入与互助：三线建设中工农关系的微观审视[J]. 华南农业大学学报，2016，15（1）：134-140.
[4] 何瑛，邓晓. 重庆三峡库区"三线建设"时期的移民及文化研究[J]. 三峡大学学报，2012，34（3）：39-44.
[5] 施文. "三线人"身份认同与建构的个案研究：以陕西省汉中市回沪"三线人"为例[M]. 上海：华东师范大学出版社，2009.
[6] 李浩. 上海三线建设搬迁动员工作研究[M]. 上海：华东师范大学出版社，2009.

思考①、社会生活史视角下的三线建设研究②、三线建设独具特色的社区语言③等内容。其二，从研究的内容看，越来越多的学者开始关注三线遗产抢救、保护与再利用问题。三线建设遗产保护与利用被看成利国利民和造福子孙的一件大事。④与此同时，关于小三线建设的研究也变得日益丰富起来，有些学者通过对小三线企业的历史与现状分析，开始质疑政府对国有企业的管理方式，讨论政府职能的转型问题。⑤其三，从研究的方法看，开始从以往多采用定性分析研究的方法转向定性与定量结合，很多时候除了使用传统的文献法外，还使用了社会学中常用的访谈法、问卷法、数据分析法、观察法等，如在一篇通过从生活史的视角展开三线建设研究的论文中，作者就记录了大量的对三线亲历者的访谈内容，向我们展示了生动清晰的三线生活画面。⑥

综上所述，目前学术界对三线建设的研究已经走向系统化、成熟化，呈现出一片丰富繁荣的景象。然而，在学术界对三线建设研究的热潮中，有一个本应受到广泛关注，且亟待解决的现实问题——资源日渐枯竭、产能日趋落后、竞争优势逐渐丧失的三线资源型城市转型的问题，在学术界受到的关注却不多，而对于此问题的研究，将有助于解决为数众多的三线资源型城市的现实困境。

---

① 陈景峰.三线建设背景下的文化分析与思考——以攀枝花工业题材版画为例[J].中华文化论坛，2016（5）：151-155.
② 郭旭.社会生活史视角下的三线建设研究——以饮食为中心[J].贵州社会科学，2017，329（5）：162-168.
③ 蓝卡佳，敖钰.三线建设言语社区语言生活[J].小说评论，2013（1）：304-308.
④ 陈东林.抓住供给侧改革和军民融合机遇，推动三线遗产保护利用[J].贵州社会科学，2016，322（10）：30-35.
⑤ 徐有威，杨国华.政府让利与企业自主：20世纪80年代上海小三线建设的赢与亏[J].江西社会科学，2015（10）：17-25.
⑥ 郭旭.社会生活史视角下的三线建设研究——以饮食为中心[J].贵州社会科学，2017，329（5）：162-168.

二、资源型城市理论

（一）资源型城市概念界定及特点

1. 资源的定义

关于资源的定义，有广义和狭义之分。广义的资源是指能够通过一定的形式为人类所利用的物质和能量，以及与这些物质能量有关的技术措施和人类活动等。[①]广义的资源通常包括自然资源和社会经济资源两大类。根据联合国环境规划署的定义，狭义的资源是指在一定时间和技术条件下，能够产生经济价值和能够提高人类当前与未来福祉的自然环境因素的总和。[②]

自然资源包括地球上一切有生命和无生命的物质资源，通常是指在一定条件下对人类有用的物质，如土地、森林、草原、海洋、江河、矿藏、阳光、空气、水分和生物等。自然资源是人类从事生产活动和维持生活消费的物质基础，是构成人类生产环境的基本要素。[③]自然资源根据自身性质，可分为可再生资源和不可再生资源。可再生自然资源是指能够利用自然力以某一特定增长率保持或增加蕴藏量的自然资源，包括阳光、空气、森林和生物等。[④]不可再生自然资源是指对人类有意义的时间范围内，资源质量保持不变，同时资源蕴藏量不再增加的自然资源，又称可耗竭性资源。[⑤]

---

① 刘福仁，蒋楠生，陆梦龙. 现代农业经济词典[M]. 沈阳：辽宁人民出版社，1991：174.
② 秦玉琴. 新世纪领导干部百科全书：第4卷[M]. 北京：中国言实出版社，1999：2867.
③ 陈慧女. 中国资源枯竭型城市产业转型研究[D]. 武汉：武汉大学，2010.
④ 陈慧女. 中国资源枯竭型城市产业转型研究[D]. 武汉：武汉大学，2010.
⑤ 陈慧女. 中国资源枯竭型城市产业转型研究[D]. 武汉：武汉大学，2010.

2. 资源型产业

资源型产业是目前尚未被学术界严格定义的概念。陆大道认为，资源型产业是以资源的开采和初加工为主的产业，具体包括电力、化学、冶金、石油、煤炭、建材、纺织、森林、食品和造纸等工业行业。[①] 陈慧女认为资源型产业是指以开发和利用自然资源而形成的产业，这里的自然资源既包括不可再生资源，也包括可再生资源。笔者认为陈慧女对资源型产业的定义比陆大道的定义更加全面。[②]

3. 资源型城市及其特点

从广义的"资源"定义来看，世界上绝大多数城市都属于"资源型城市"，因为任何一座城市都不可能脱离对"资源"的依赖。本书所指的资源型城市是建立在狭义的"资源"定义基础上的。

资源型城市是指建立在资源开发与利用的基础之上，并把资源的开发与利用作为自己的主导产业的城市。[③] 国外学者在讨论"资源型城市"时，大多数时候使用的是 Resource-based Town、Resource-dependent Community、Community of Single-industry、Mining Town 等，这些提法更类似于中国对"矿区"的定义，即指在矿业大公司主导下形成的、以单一采掘业为主导产业的小城镇或社区，这些小城镇的规模都不大。[④] 因此，国外学者在讨论"资源型城市"时，凡使用 Resource-based Town、Resource-dependent Community、Community of Single-industry、Mining Town 这类词语加以论述，则与本研究中所讨论的资源型城市（Resource-based City）存在较大差异。

---

① 陆大道. 区域发展空间结构[M]. 北京：科学出版社，1995：209-211.
② 陈慧女. 中国资源枯竭型城市产业转型研究[D]. 武汉：武汉大学，2010.
③ 申玉铭，杨彬彬，张云. 资源型城市的生态环境问题与综合治理：以济宁市为例[J]. 地理研究，2006（3）：430-438.
④ 陈慧女. 中国资源枯竭型城市产业转型研究[D]. 武汉：武汉大学，2010.

资源型城市一般具备资源经济主导、城市突发式兴起、城市与企业关系密切、生态环境脆弱、城市文化独特的特点。①这些特点在一定程度上会对资源型城市的发展与转型形成较大的影响。

（二）资源型城市的早期研究

现代意义上的资源型城市是欧洲工业革命的产物，因为历史的原因，西方发达国家最先开启了对于资源型城市及其产业转型的研究，其中加拿大、美国、德国、澳大利亚等矿业大国对这一问题的研究较为集中，尤其是加拿大学者的研究成果十分引人注目。②

早在20世纪30年代，加拿大学者Innis就对资源型城市的相关内容进行了开创性研究，他认为资源型城市的运行存在较为严重的僵化问题③，很难针对国际经济信息的变化做出调整，最终导致对资源的严重依赖。Hayter和Barnes将Innis的研究进一步解析为：某地区对某类资源型产品的过度依赖，将阻碍这一地区的产业转型，从而使这一地区更容易受到该资源型产品价格波动的影响，进而更易陷入危机之中。④Innis指出：虽然加拿大整体上属于上述经济发展模式，但是运输条件、制度环境、地理因素等对经济发展存在巨大影响，而各地在上述环境与条件方面存在着地区差异性。因此，Innis提出了地区特色模式。

Robinson是第一个对加拿大资源型城市进行全方位评价的学者。他认为偏远地区的孤立性影响到这些地区的经济、社会和各种规划。

---

① 于立，姜春梅，于左. 资源枯竭型城市产业转型问题研究[M]. 北京：中国社会科学院出版社，2008：1.
② 焦华富，陆林. 西方资源型城镇研究的进展[J]. 自然资源学报，2000，15（3）：291-296.
③ Gertler M. Harold Innis and the New Industrial Geography[J]. The Canadian Geographer, 1993（37）：360-364.
④ Hayter R., Barnes T. Innis' Staple Theory Exports and Recession: British Columbia 1981-86[J], Economic Geography, 1990（66）：156-173.

正是这种孤立性导致这些地区陷入"繁荣与萧条的交替循环模式",依赖单一产业并使其不可避免地沦为企业城。Robinson 希望人们从以往的资源开采区的不良选址、城镇规划的不足、城镇管理的缺陷中吸取教训,以避免或缓解新建资源开采区出现过去曾经发生的情况[①]。

(三)资源型城市产业生命周期理论

关于资源型城市产业生命周期理论的研究始于 1929 年赫瓦特的五阶段周期理论,即根据各地区对资源的开采与利用程度的差异,把矿产资源开发区的发展分成五个不同阶段。卢卡斯提出了单一工业城镇或社区发展的四阶段模式,第一、二阶段为建设期和人员雇用期,第三、四阶段分别为过渡期和成熟期。布拉德伯里认为还存在第五阶段,即衰退期。

一般而言,资源型城市中资源产业的生命周期可以分为形成期、成长期、成熟期和衰退期。在形成期,资源开采呈现平缓增长的趋势;在成长期,资源开采表现为加速度增长;开采资源的增长速度逐渐变慢并达到最高产量,随后产量逐渐降低到成长期末端水平,这一阶段被称为成熟期;衰退期则表现为资源开采量低于成长期末端产量水平,并不断降低[②]。

资源型城市的生命周期理论有助于人们认识资源型城市发展演化规律,进而在资源型城市不同的发展阶段做出正确决策。尽管三线资源型城市与一般资源型城市在产业布局、生产运营以及转型困境等方面具备不同的特点,但它的发展依然遵循着一般资源型城市生命周期发展阶段的规律。

---

① Robinson I.M. New Industrial Towns on Canada's Resource Fronties, Research Paper No 73[M]. Chicago: University of Chicago, Department of Geography, 1962.

② 于立,姜春梅,于左. 资源枯竭型城市产业转型问题研究[M]. 北京:中国社会科学院出版社,2008:6.

三、中国资源型城市转型理论

三线资源型城市属于中国资源型城市的一部分，因此学术界对于中国资源型城市的研究，将对本研究深入理解三线资源型城市当前所面临的困境以及找到突破困境的路径起到重要的作用。

（一）中国资源型城市发展状况

虽然中国矿业开发的历史悠久，可以追溯到远古时代，但只是在工业化对资源产品产生需求时，才推动了现代资源型城市的形成。中国在1878年开办了第一个近代资源型企业——开平煤矿，开平煤矿催生了唐山这座资源型城市的产生，到1949年中国已拥有各类资源型城市22座。2013年，国家发展和改革委员会发布了《全国资源型城市可持续发展规划（2013—2020年）》，确定了262座资源型城市，其中地级行政区（包括地级市、地区、自治区、盟等）126个，县级市62个，县（包括自治县、林区等）58个，市辖区（开发区、管理区）16个。262座资源型城市中，分布在三线建设13省范围内的资源型城市130个，占全部资源型城市的49.6%，其中地级行政区64座，占126座资源型地级行政区的50.8%（见表2-1）。

伴随资源型城市的不断兴起，原有一些资源型城市出现资源枯竭问题，衰亡和转化是资源型城市减少的两大途径。就第一种途径而言，1958年设立的地级市云南省东川市，1999年成为中国第一座因资源枯竭而被降级的资源型城市，它被降级为昆明市东川区。第二种途径中，河北省唐山市和邯郸市因资源产业的比重显著降低，到2003年时，资源产业从业人口比重不到15%，城市转型和经济多元化已经基本实现，对于市区人口超过100万的特大城市而言，已经不属于典型的资源型城市。①与欧美相比，中国工业化起步较晚，但20世纪中期及以前兴起的城市已经不同程度出现了资源枯竭问题，部分城市已经成为资源枯竭型城市。根据中国发展和改革委员会2013年统计，全国共有资源枯竭型城市69座。

表2-1 中国三线建设13省区范围内资源型城市中地级行政区名单

省区	地级行政区数量	地级行政区	省区	地级行政区数量	地级行政区
四川	10	攀枝花、广元、广安、南充、泸州、自贡、达州、雅安、凉山彝族自治州、阿坝藏族羌族自治州	河南	7	三门峡、洛阳、焦作、鹤壁、濮阳、平顶山、南阳
贵州	5	六盘水、安顺、毕节、黔南布依族苗族自治州、黔西南布依族苗族自治州	河北	5	张家口、承德、唐山、邢台、邯郸
云南	7	曲靖、保山、昭通、丽江、普洱、临沧、楚雄彝族自治州	山西	10	大同、朔州、阳泉、长治、晋城、忻州、晋中、临汾、运城、吕梁
陕西	6	延安、铜川、渭南、咸阳、宝鸡、榆林	湖北	2	鄂州、黄石
甘肃	7	金昌、白银、武威、张掖、庆阳、平凉、陇南	湖南	4	衡阳、郴州、邵阳、娄底
宁夏	1	石嘴山	广西	3	百色、河池、贺州
青海	1	海西蒙古族藏族自治州			

数据来源：《全国资源型城市可持续发展规划（2013—2020年）》

---

① 王青云. 资源型城市经济转型研究[M]. 北京：中国经济出版社，2003.

(二)中国资源型城市转型基本理论

由于中国工业化起步较晚,与此相应,资源型城市枯竭等问题也较西方出现得晚些,因此学术界对于中国资源型城市转型问题的研究也比西方晚数十年。学术界对于中国资源型城市转型问题的研究可以2000年为分界点,2000年前关于资源型城市转型的文献数量较少,主要集中在矿业城市的持续发展与结构调整[①]、工矿城市发展模式比较[②]、工矿城市变革及其出路[③]等,这些研究规模小、数量少、分布零散、未成系统,但依然有一定的学术研究价值。2000年后,由于现实的需要,越来越多的中国资源型城市开始面临产业转型问题,于是对于中国资源型城市转型问题研究的文献逐渐变得丰富起来,无论在内容上还是方法上,都较以往有了引人注目的突破。

首先,从内容上看,不仅包括城市转型困境,城市转型战略、动力、方向、路径等问题,还包括城市转型效果评估、风险预判等内容。分析的角度,不仅有宏观整体的角度,也有微观具体个案的角度。根据分析内容和分析角度,主要将这些研究划分为以下五个方面。

其一,关于特定资源型城市转型个案的研究。如叶雪洁、吕莉、王晓蕾从经济地质学的角度,对淮南市的资源型城市转型展开了研究,指出资源型城市的转型应更多从经济地质学的本质出发,依托资源、延伸资源、超越资源,推动产业多元化。[④]又如李江苏和唐志鹏对唐山

---

① 赵宇空. 中国矿业城市:持续发展与结构调整[M]. 长春:吉林科学技术出版社,1995.
② 路建涛. 工矿城市发展模式比较研究[J]. 经济地理,1997,17(3):50-54.
③ 鲍寿柏. 工矿专业性城市的变革及其出路[J]. 经济科学,1999(4):11-13.
④ 叶雪洁,吕莉,王晓蕾. 资源型城市产业转型路径研究——以淮南市为例[J]. 中国软科学,2018(2):186-192.

市再生型资源型城市产业的结构性增长问题展开研究,指出资源型城市转型需要提高直接增加值率,更加关注与下游产业的关联效应。①

其二,关于资源型城市转型共性的研究。如刘吕红从资源型城市经济史研究的角度入手,运用长时段理论,从整体发展的角度,对中国资源型城市发展的过程特征展开了探讨,提出中国资源型城市经济发展条件存在先天优势和后天不足,经济发展过程曲折和阶段性明显,结构要素各有表现且协调发展已是必然趋势,得出全面转型是当前中国经济发展重点的结论。②王彩霞对新常态下资源型城市经济转型的问题展开了研究,指出资源型城市正面临的传统发展模式难以为继,多重叠加的资源型社会发展问题逐渐显现,市场机制缺失,市场主体开发活力不足,资源型经济对资源型城市创新活力产生挤出效应。③

其三,关于资源型城市的内部机制与模式的研究。如 Huijuan Li 等通过对资源型城市经济发展、产业结构、政府税收和环境因素的长期研究,发现导致资源型城市落后于其他城市的主要原因在于计划经济的后续影响力,不合理的税收制度、计划错误以及导向错误的资源开发政策。④李学鑫、田光增、苗长虹对区域中心城市的机理和模式展开研究,指出区域中心城市的时机、度、势、演化等方面的理论化程度不够,还需要进一步强化。⑤

---

① 李江苏,唐志鹏. 再生型资源型城市产业的结构性增长研究——以唐山市为例[J]. 地理研究,2017,36(4):707-718.
② 刘吕红. 中国资源型城市的历史发展与转型[J]. 西南民族大学学报,2014(10):151-155.
③ 王彩霞. 新常态下资源型城市的经济转型问题研究[J]. 现代管理科学,2016(10):85-87.
④ Huijuan L., Ruyin L., Hong C. Economic Transition Policies in Chinese Resource-based Cities: An Overview of Government Efforts[J]. Enger Policy, 2013(55):251-260.
⑤ 李学鑫,田光增,苗长虹. 区域中心城市经济转型:机制与模式[J]. 城市发展研究,2010,17(4):26-32.

其四，关于资源型城市的转型思路与方向。高鹏从生命周期理论入手，通过对国际上德国鲁尔和法国洛林等主要的资源型城市转型模式的分析，提出了找好转型定位、借力外来投资、升级产业结构的转型战略。①李博和张旭辉针对中国107座资源型城市的服务业状况展开研究，得出资源型城市的服务业发展符合产业演进的一般规律，但滞后于中国服务业发展的整体进程，不同类别资源型城市服务业发展表现出不同特征与区域分布、城市类型、经济增速以及工业化阶段相关的结论，提出只有利用资源型产业的比较优势和产业基础，才能顺利实现经济转型。②

其五，关于资源型城市的空间布局优化。岳利萍对中国中西部和东部资源型城市展开了研究，指出中国262座资源型城市的空间分布呈现区域内部聚集分布、空间非均衡分布、全国性分布三大特征，主张在各自不同的前提下，构建不同类型的预警机制，形成事前、事中、事后一体长效机制，做到资源的可持续开发。③

其次，从方法上看，已经从单纯的定性研究为主，发展为大量博弈论、DEA模型和熵值法等定量方法为研究者所采用。如苗长虹、胡志强、耿凤娟、苗健铭针对中国116个资源型城市的经济演化特征及影响因素，展开定量分析，比较中国不同地区资源型城市路径依赖、脆弱性和路径创造力之间的差异。④曾贤刚和段存儒使用熵值法，对中

---

① 高鹏. 基于生命周期理论的资源型城市产业转型战略研究[J]. 河南师范大学学报，2014，41（3）：75-78.
② 李博，张旭辉. 资源型城市经济转型与服务业发展——基于我国107座地级资源型城市的比较分析[J]. 西部论坛，2018，28（3）：25-32.
③ 岳利萍. 中西部和东部资源型城市可持续发展的长效机制[J]. 改革，2017，282（8）：110-114.
④ 苗长虹，胡志强，耿凤娟，苗健铭. 中国资源型城市经济演化特征与影响因素——路径依赖、脆弱性和路径创造的作用[J]. 地理研究，2018，37（7）：1268-1281.

国 16 个煤炭资源枯竭型城市展开绿色转型绩效评估,通过聚类分析法对每座城市的绿色转型绩效结构展开分析,并得出不同城市之间绿色转型绩效差异显著,存在明显不平衡性的结论。①

总之,中国学术界对于资源型城市的转型问题的研究内容丰富、方法多样,已具备一定的学术深度,并日趋成熟化。

四、产业转型理论

(一)产业转型及相关的概念界定

产业结构是指在一国(或地区)的经济体系中,产业之间、产业内部构成及其相互之间联系和制约的关系。②具体地讲,可以把产业结构分成两个层次。首先,第一、二、三产业在整个经济体系中所占份额及三次产业之间的相互联系与制约关系;其次,第一、二、三产业内部各细分产业所占份额相互之间的联系和各自内部的比例关系。

产业结构的变革受到产业政策、市场需求、技术进步、社会发展等多种因素影响,其中,产业结构调整是指政府基于某种需要而对产业结构实施的干预行为。

产业转型是指某国(或地区)在一定阶段内,根据国际国内科技和经济等趋势与发展状况的变化,凭借一些政策措施(如产业、财政、金融等),针对现存产业结构实施干预的行为。③

---

① 曾贤刚,段存儒. 煤炭资源枯竭型城市绿色转型绩效评价与区域差异研究[J]. 中国人口资源与环境,2018,28(7):127-135.
② 于立,姜春梅,于左. 资源枯竭型城市产业转型问题研究[M]. 北京:中国社会科学院出版社,2008:26.
③ 于立,姜春梅,于左. 资源枯竭型城市产业转型问题研究[M]. 北京:中国社会科学院出版社,2008:27.

（二）产业转型相关理论

随着经济的发展，产业的转型与发展逐渐呈现出产业服务业化的趋势，同时价值链升级将成为众多产业转型升级的必要选择。此外，近年来的产业发展变化显示出产业集群化发展和融合化趋势。

第一，产业服务业化理论。在20世纪30到40年代，一些敏感的经济学家发现人类经济活动正经历着从农业转向工业，并最终向服务业（第三产业）转移的过程。社会学家贝尔发现美国的经济出现了正由"产品型经济"向"服务型经济"转变的趋势，美国服务业从业人数占总就业比重与服务业增加值占GDP比重（1969年分别达到60.4%和61.1%）已经超过第一和第二产业这两项占比之和。后来的经济发展趋势充分证明了贝尔等人理论的正确性，服务业在各国经济发展中所占的比例也逐渐提升，服务业逐渐演变成在未来经济中最具发展空间的领域。近年来，随着社会经济的发展，"经济服务业化"日益成为当今时代的主导性趋势，其特征包括：首先，产业结构服务业化。即服务业在经济体系中的地位不断上升并成为产业结构的主体，从而引发三大产业结构的转变。其次，生产型产业的服务业化。即生产型产业内部服务型活动的重要性不断增强，改变了过去这类产业单一生产的特点，形成生产—服务型体系，反映了服务活动对产业的深度渗透。最后，服务型经济的形成。服务型经济是经济服务业化的必然结果，它与产品型经济的区别在于：服务型经济的主要经济部门是提供各类服务的部门，而非加工制造产品的部门；服务型经济提供的主要产品是服务，而非商品；服务型经济中劳动力主要集中在服务业，而非加工制造部门；服务业经济的产值大多来自服务型行业，而非加工制造部门。总之，在服务型经济中，服务活动占据主体地位。①产业服务业化理论由于其对于现实产业转型趋势的准确描述，越来越受到学界的普遍关注，被广泛运用于城市转型发展问题的分析。

第二，价值链升级理论。由波特提出的价值链升级理论指出价值链提供了一个系统的方法来审视企业的所有行为及其相互关系，并被看作产业的竞争力所在。②施振荣在波特价值链理论的基础上提出了微笑价值曲线③，这一曲线给地区发展带来的启示包括：为了提高地方产业的附加值，可以尝试改变价值曲线本身或者在价值曲线上做前后移动，从而延长产业链，推动产业发展。而创新驱动的实质可以说就是城市通过在以核心产业为中心形成的价值链向前后端延伸，推动产业内部结构升级，进而推动产业结构升级，这是城市产业创新的本源所在。价值链升级理论准确描述了城市产业转型升级的内在变化过程，吸引了学界众多关注的目光。当对该理论展开深度研究时，不难发现它与中国传统管理哲学中"阴阳相生"的辩证思维理论有着许多相近之处。

第三，产业集群化理论。产业集群的概念首先是由波特提出的，他通过对10个工业化国家开展深入研究，总结出在发达经济体制中存在着普遍的"产业集群"现象，即在一定区域中，存在一定竞争与合作关系的企业、供应商、金融机构等会形成地理上的集中趋势，结成一个群体。④产业集群代表着介于市场和等级制之间的一种新的空间组

---

① 左学金，王红霞. 世界城市空间转型与产业转型比较研究[M]. 北京：社会科学文献出版社，2017：8.
② Michael E., Porter. The Competitive Advantage of Nations[M]. New York：The Free Press, 1990.
③ 施振荣.全球品牌大战略[M]. 北京：中信出版社，2005.
④ Michael E.,Porter. The Competitive Advantage of Nations[M]. New York：The Free Press,1990.

织形式。产业集群是通过在地理空间意义上的集中，实现企业成本的降低（包括生产成本和交换成本），带动规模经济效益，提升企业和产业的市场竞争优势。因此，产业集群是在特定的地理范围内，通过推动对多种产业的相互融合，构成这一区域特色的竞争优势。随着工业化的发展，越来越多的国家和地区开始关注本国或本地区产业集群的发展状况，并把它作为评价和分析某一经济体或某一区域发展状况的评价标准。"产业集群化理论"与中国传统管理哲学中的"整体循环理论"在内涵上存在诸多共同之处。

第四，产业融合化理论。产业融合现象从个案走向一般，从局部扩展到全球，引起了社会各界的广泛关注，也激发了学术界的研究热情。哈佛大学商学院于1994年举行了"冲突的世界：计算机、电信以及消费电子学研讨会"，这是世界第一次举行关于产业融合的学术论坛。加州大学伯克利分校于1997年召开会议专门讨论产业融合及其有关管制政策的问题。哈佛论坛和伯克利会议表明产业融合这一新的经济现象已经逐步从现象走向理论。产业融合作为新生事物，除了少数领域发展相对超前，其余多数领域仍有待发展完善。学术界对产业融合的研究长期存在争议，争论最为激烈的当属产业融合内涵与外延的界定。Greenstein和Khanna认为产业融合是为了适应产业增长而发生的产业边界收缩或消失。[1]欧洲委员会绿皮书指出产业融合是指市场、技术网络平台和产业联盟合并等三个角度的重合。植草益指出产业融合是通过放宽限制和技术革新实现降低行业间壁垒，从而强化行业之间竞争与合作的关系。[2]概念的争论反映了学者们对产业融合形成机

---

[1] Greenstein S., Khanna T. "What Does Industry Mean? [C]//Yoffie. Competing in the Age of Digital Convergence, 1997.
[2] 植草益. 信息通讯业的产业融合[J]. 中国工业经济，2001（2）：24-27.

理、表现形式、影响范围等不同角度解读的差异，综合学术界观点不难发现，产业融合可以概括为改造型融合（指通过信息产业对传统产业的改造从而实现传统产业的信息化带动信息产业和传统产业的融合）、互补性融合（指两种或两种以上在功能上具有互补性的产品在同一标准元件束或集合下得以高度兼容的整合过程）和替代性融合（指具有相似特征及功能的独立产品或服务在共同的标准元件束或集合中得以替代整合的过程）三种形式。①产业融合从产品结构、市场结构、企业组织等方面对传统产业产生了巨大冲击，导致企业发展的市场环境、产业环境、组织环境发生较大变化，这些变化必将影响企业经营发展战略、市场行为和经营绩效。产业融合化理论大胆描述了产业转型的方向，无论对学术界还是对企业家群体都产生了较大的启蒙作用，因此受到越来越多的关注。笔者认为产业融合化理论的理论意义在于该理论对近年来产业转型理论中倡导的产业经营的整体化与集中化趋势（如产业集群化理论）的进一步突破与发展。从某种意义上讲，从"产业集群化理论"到"产业融合理论"，反映出在产业转型理论发展过程中，产业集中化趋势正在经历着从"量的积累"到"质的融合"的过程。

五、中国传统辩证思维方法理论

中国是一个古老的、拥有丰富而深邃的哲学思想的国度，其中产生于先秦时代的儒家和道家思想，在 2000 多年发展历史中，对中国文化的形成与发展及对中国人思维模式的塑造产生了深远影响。如儒家经典

---

① 左学金，王红霞.世界城市空间转型与产业转型比较研究[M].北京：社会科学文献出版社，2017：13.

《易经》,包含了丰富的中国儒家哲学"整体循环理论"的内容,曾深刻地影响了中国人关注天地万物的眼光;又如道家经典《道德经》,蕴含了深刻的道家哲学"辩证思维理论"的精髓,则塑造了中国人独特的辩证思维模式。在中国哲学的历史上,曾有过禅宗学派通过推动佛教的本土化,最终实现佛教思想在中国迅速传播的成功先例。"禅宗学派推动佛教思想本土化"的案例对笔者的启发意义在于:能否尝试把国际上关于城市产业转型的理论与中国社会的传统哲学思想结合起来,推导出一系列适合中国国情的中国三线资源型城市产业转型对策。

(一)儒家哲学中的整体循环理论

1.《易经》的起源及哲学思想

关于《易经》的起源,传统上一般认为,《易经》起源于河图、洛书。传说在远古时代,黄河出现了背上画有图形的龙马,洛水出现了背上有文字的灵龟,伏羲因此而画出了先天八卦。殷商末年,周文王被囚禁在羑里,又根据伏羲的先天八卦演绎出了后天八卦,也就是文王八卦,并进一步推演出来六十四卦,并作卦辞和爻辞。[①]

《易经》分为《易经》与《易传》两部分。《经》分为《上经》和《下经》,《上经》30卦,《下经》34卦,一共64卦。每一卦由卦画、标题、卦辞、爻辞组成。《传》一共有7种10篇。分别是《彖》上下篇、《象》上下篇、《文言》、《系辞》上下篇、《说卦》、《杂卦》和《序卦》。传说《易传》是春秋时代的孔子所著。[②]

历史上的《易经》据说有三种,即所谓的"三易",分别是神农时代的《连山易》、黄帝时代的《归藏易》和周文王被囚羑里所著的《周

---

① 祖行. 图解易经[M]. 西安:陕西师范大学出版社,2007:9.
② 祖行. 图解易经[M]. 西安:陕西师范大学出版社,2007:6.

易》。其中,《连山易》从"艮卦"开始,象征"山之出云,连绵不绝";《归藏易》从"坤卦"开始,象征"万物莫不归藏于其中";《周易》则从"乾""坤"两卦开始,表示《易经》讲述的是"天地之间"与"天人之际"的学问。因《连山易》与《归藏易》均已失传,我们能看到的只有《周易》,故我们今天所提到的《易经》便是指《周易》了。

《易经》中包含的哲学思想包括:

第一,"天人合一"的宇宙思维模式。即人与宇宙自然界的生生之德处于完全合一的存在状态,天是生命之源,地是一切生命得以存在的基础。人与自然界是统一的,不可分离。

第二,"一阴一阳之谓道"的总体哲学思想。《易经》认为整个世界是在阴阳两种相反相成的力量相互作用下不断运动、变化、生成、更新的。它表现为气,阳气上升、阴气下降,阴阳互动,和谐统一。

第三,"生生之谓道"的根本精神。《易经》认为"易"就是"生",而"生生"则是指一个连续不断的生成过程,没有一刻停息,它是由自然界本身不断地生成、不断地创造的过程,天地本来就是这个样子,以"生生"为基本存在方式。

第四,"通变致久"的辩证法则。《易经》中《系辞》指出:"《易》之为书也,不可远,为道也屡迁,变动不居,周流六虚,上下无常,刚柔相易,不可为典要,唯变所适。"即事物有变就有常,有常就有变,而《易经》就在"变动不居"显示恒常通久的不变法则,又在这种恒常通久中表现了"唯变所适"的可变规律,这种规律也就是所谓的"天行",即天道运行的规律。《易经》认为,世间万物都在变,唯有天道规律是不变的,这种天道规律的最高表现就是天上地下,阳尊阴卑。[1]

---

[1] 祖行. 图解易经[M]. 西安:陕西师范大学出版社,2007:12-25.

2.《易经》中的整体循环理论与产业集群化理论的对比

如果对目前十分盛行的产业转型理论中的产业集群化理论展开深入分析,熟悉中国哲学的学者可能会惊异地发现,产业集群化理论所强调的把相关联产业通过区域化的集中化经营,形成整体规模化效应,从而提升区域内产业竞争力的理论①,与儒家理论中的"整体循环理论"在原理上有着许多相似的方面。

整体循环理论是儒家理论的重要组成部分,它强调把发展中的事物看成一个大的整体,事物发展遵循着持续不断且循环往复的规律。②《易经》中有这样的句子:"天行健,君子以自强不息。"意思是说:大自然有着不断循环往复、生生不息的特点,作为一个思想正派、积极上进的君子就应该学习和仿效大自然这种坚持不懈、不轻言放弃的精神。③该段文字传递出了儒家思想所包含的整体循环论思想,即自然万物存在于一个宏观的整体之中(即万物存在于天地宇宙之间),并遵循生生不息和不断循环往复的变化运行规律。

如果把《易经》64 卦看成事物发展的一个大的整体循环过程的话,人们会从 64 卦的排序中发现一个有趣的现象:第 63 卦卦名为"既济",意指"已经渡过",即代表已经成功的意思④;最后一卦即第 64 卦的卦名却是"未济",代表"尚未成功"的意思。⑤为什么会出现这样的情况?其实,《易经》通过这样的排序,想要传递的是自然之中"循环往复"的概念,也就是这个世界是一个不断循环的世界,

---

① 左学金,王红霞. 世界城市空间转型与产业转型比较研究[M]. 北京:社会科学文献出版社,2017:11.
② 李剑,刘道英. 易经[M]. 西宁:青海人民出版社,2002:5.
③ 李剑,刘道英. 易经[M]. 西宁:青海人民出版社,2002:5.
④ 李剑,刘道英. 易经[M]. 西宁:青海人民出版社,2002:365.
⑤ 李剑,刘道英. 易经[M]. 西宁:青海人民出版社,2002:371.

当人们以为已经走到最后一个阶段时，其实并不是一切的终结，而是一个新的循环的开始①，因此，《易经》中的最后一卦不是"既济"而是"未济"。

无论是对"天行健，君子以自强不息"的倡导，还是对"既济"与"未济"两卦的排位设计，《易经》都向我们传递了儒家哲学所崇尚的一种"万物生生不息、无始无终的整体循环理论"②。这种整体循环理论认为世间万事万物存在于一个统一的整体之中，其存在的形式是处于一种不断运动和变化的状态，即不断循环往复的状态。③《易经》这种整体循环的观念，对中国人的思维产生了巨大的影响，比如四大名著之一的《三国演义》开篇便谈道："话说天下大势，合久必分，分久必合。"由此可见，整体循环往复的思想对中国人思维的影响极其深远，甚至影响到了中国人看待世界的眼光。

比较"产业集群化理论"与"整体循环理论"，两者都强调了整体化的概念，强调了事物（或产业）的系统性与连接性。但是两者依然存在一定的差异性。"产业集群化理论"是一套被实践证实的有效的城市产业转型对策理论。然而，就其理论深度而言，它仅仅停留在一般意义上的管理学理论层面，并未能上升到管理哲学的层面。"整体循环理论"则不然，作为一种内涵丰富的管理哲学理论，无论在理论深度还是在理论精度上，它都远远高于"产业集群化理论"。从某种意义上讲，甚至可以说"整体循环理论"是对"产业集群化理论"的哲学提炼。

本书在转型对策中提出的"走出去，引进来"（即在事物发展过程中，在把一些重要的要素推广出去的同时，把一些合理的要素吸引进

---

① 李剑，刘道英. 易经[M]. 西宁：青海人民出版社，2002：370.
② 李剑，刘道英. 易经[M]. 西宁：青海人民出版社，2002：370.
③ 李剑，刘道英. 易经[M]. 西宁：青海人民出版社，2002：370.

来）的整体经营战略正是对儒家"整体循环理论"在资源型城市产业转型实践中的应用与推广。并且，本书首次把"走出去，引进来"的整体经营战略运用到了资源型城市转型对策之中。关于"走出去，引进来"的整体经营战略的具体内容，本书将在第六章加以介绍，这里不再赘述。

（二）道家哲学中的辩证思维理论

1. 道家思想的起源与哲学思想

道家思想的创始人为老子。据《史记》记述，老子即老聃，姓李名耳，楚国苦县（今河南鹿邑）人，曾做过周守藏史，是东周王朝掌管图书的史官。他见闻广博，相传孔子曾向他请教过周礼。他晚年过着隐居生活，"著书言道德之意"五千言，即今天流传的《老子》，又称《道德经》。[1]

《道德经》共分为 81 章，多为韵文，分为《道经》和《德经》两大部分。虽然传统的顺序是《道经》在前，《德经》在后，但在 1973 年发掘长沙马王堆汉墓时出土的《老子》帛书是《德经》在前，《道经》在后，据推测，这也许是《老子》古本的顺序。[2]

《道德经》一共五千言，篇幅不长而论述精辟，其含意深远，思想广博，从多个方面论述了宇宙本体、万物之源、自然规律等，并将其意义融入自然、现实、社会、国家、民生等诸多方面，大致分为论道、治国、修身、砭时、养生、议兵六大方向。[3]具体而言，《道德经》主

---

[1] 老子. 道德经[M]. 北京：北京联合出版社，2015：2.
[2] 老子. 道德经[M]. 北京：北京联合出版社，2015：3.
[3] 老子. 道德经[M]. 北京：北京联合出版社，2015：3.

要包括以下方面的内容：

第一，老子认为"道"是宇宙的最高实体。道是万物的根源，也是万物运行变化的规律。道生万物，道法自然。①

第二，老子提倡"静观""玄览"的神秘主义认识论。老子认为"五色令人目盲，五音令人耳聋"②，他坚持体认"天道"，完全不需要感性认识，"不出户，知天下；不窥牖，见天道"③。

第三，老子提出"反者道之动"④的辩证法思想。"有无相生，难易相成"⑤；"物壮则老"⑥；"兵强则不胜，木强则兵"⑦。

第四，老子提倡复古倒退的社会历史观。"不尚贤，使民不争；不贵难得之货，使民不为盗；不见可欲，使民心不乱。"⑧"民之难治，以其多智。故以智治国，国之贼；不以智治国，国之福。"⑨"小国寡民，使有什伯之器而不用，使民重死而不远徙。虽有舟舆，无所乘之；虽有甲兵，无所陈之。使民复结绳而用之。甘其食，美其服，安其居，乐其俗，邻国相望，鸡犬之声相闻，民至老死不相往来。"⑩

2. 道家思想中的辩证思维理论与产业链升级理论的对比

产业转型理论中的"产业链升级理论"指出：产业链升级过程是通过产业在产业链前后段的延伸，从而完成产业内部结构的升级，同

---

① 冯达甫. 老子译注[M]. 北京：上海古籍出版社，1991：60.
② 冯达甫. 老子译注[M]. 北京：上海古籍出版社，1991：26.
③ 冯达甫. 老子译注[M]. 北京：上海古籍出版社，1991：108.
④ 冯达甫. 老子译注[M]. 北京：上海古籍出版社，1991：95.
⑤ 冯达甫. 老子译注[M]. 北京：上海古籍出版社，1991：4.
⑥ 冯达甫. 老子译注[M]. 北京：上海古籍出版社，1991：127.
⑦ 冯达甫. 老子译注[M]. 北京：上海古籍出版社，1991：168.
⑧ 冯达甫. 老子译注[M]. 北京：上海古籍出版社，1991：6-7.
⑨ 冯达甫. 老子译注[M]. 北京：上海古籍出版社，1991：149.
⑩ 冯达甫. 老子译注[M]. 北京：上海古籍出版社，1991：174-175.

时通过淘汰夕阳产业、调整传统产业结构、培育新兴产业和打造新的产业集群，完成整个产业的新陈代谢，最终带动经济结构的整体升级[1]。从对产业链升级过程的这段描述中可以很容易地观察到，在产业链升级的过程中，自始至终都包含着"新产业"与"旧产业"之间的博弈，在这一"博弈"的过程中，既存在着"斗争"关系（即"你死我活"的斗争关系），也存在着"合作"关系（如对旧产业链的延伸从而推动旧产业向新产业的转变与发展），正是在这种"既斗争又合作"的过程中最终实现了"产业链的升级"。熟悉道家辩证思维理论的学者不难发现，在推动产业链升级的过程中，这种存在于新旧产业之间的"既斗争又合作"的关系与道家哲学中"阴阳相生"的辩证思维理论的内涵有着很多相似之处。

辩证思维理论作为道家哲学的重要组成部分，它的内涵包括：任何事物的内部都包含着相互对立的两个部分（如"阴"和"阳"），然而看上去相互对立的两个部分，其实存在着相互依赖的关系，即"阴阳相生"的关系。[2]在道家思想的奠基之作《道德经》中有这样的句子："天下皆以美之为美，斯恶矣；皆知善之为善，斯不善已。故有无相生，难易相成，长短相刑，高下相倾，音声相和，前后相随。是以圣人处无为之事，行不言之教，万物做而弗辞，生而不有，为而不恃，功成而弗居。"[3]这段文字传递出道家哲学中这样一种思想：在一个事物中看上去相互对立的两种性质，其实存在着密切的相互依赖和相互转化的关系，因此，人们不能把事物看似相互矛盾的两面性完全割裂开来，

---

[1] 左学金，王红霞. 世界城市空间转型与产业转型比较研究[M]. 北京：社会科学文献出版社，2017：11.
[2] 李剑，刘道英. 老子·庄子[M]. 西宁：青海人民出版社，2002：67.
[3] 李剑，刘道英. 老子·庄子[M]. 西宁：青海人民出版社，2002：2.

要时刻关注两者之间的关系，并从中获得"不干预自然变化的无为而治思想"和"推行不言之教化的作为"等启示。①

《道德经》中又说道："道生一，一生二，二生三，三生万物。万物负阴而抱阳，冲气以为和。"②这段文字向人们描述了以"道"为起点，经历一系列阴阳变化，最终形成丰富多彩的世间万事万物的过程，同时描述了万事万物中两种基本的事物性质"阴"与"阳"之间相互依赖、相互转化，并构成一个和谐整体世界的规律。③

老子在这两段文字中想要表达的思想是：在这个世界上，看似对立的事物，其实有着相互依存和相互依赖的关系，也正是相互对立的事物之间存在这种相互作用和相互依存的过程，最终形成了一个丰富多彩的和谐的世界。④道家这种"阴阳相生"的辩证思维理论，对于拓展中国人的二元辩证思维，形成动态与和谐的宇宙观，塑造包容与豁达的社会道德意识产生了深远的影响。"物极必反"，"山重水复疑无路，柳暗花明又一村"，从这类成语和著名诗句中不难看出"二元辩证思维"在中国民众日常生活中的影响力。

对比产业链升级理论与道家"阴阳相生"的辩证思维理论，两者都承认事物（或产业）在发展过程中存在既"相互对立"又"相互联系"的两个方面，这看似对立的两个方面，同时存在着相互依存的关系。两种理论的不同之处在于：尽管产业链升级理论对城市产业转型实践具有较大的指导意义，然而，它仅仅停留在一般意义上的管理学理论层面，未能上升到"管理哲学"的高度。道家"阴阳相生"辩证

---

① 李剑，刘道英. 老子·庄子[M]. 西宁：青海人民出版社，2002：2.
② 李剑，刘道英. 老子·庄子[M]. 西宁：青海人民出版社，2002：38.
③ 李剑，刘道英. 老子·庄子[M]. 西宁：青海人民出版社，2002：38.
④ 李剑，刘道英. 老子·庄子[M]. 西宁：青海人民出版社，2002.

思维理论作为一种内涵丰富的管理哲学理念,无论在理论深度还是在理论精练程度上,都远远高于产业链升级理论。从某种意义上讲,"阴阳相生"辩证思维理论更像是对产业链升级理论的哲学提炼。

本书中,在讨论产业转型对策时,笔者提出的"刚柔相济"(事物"刚"的一面和"柔"的一面存在相互联系的关系)的产业规划战略、"内外相合"(事物的"内部"和"外部"存在相互补充的关系)的管理营销战略、"动静相应"(事物的"运动"和"静止"之间存在相互呼应的关系)的人才培养战略,正是从道家"阴阳相生"的辩证思维理论中推导出来的。换言之,道家"阴阳相生"的辩证思维理论是"刚柔相济""内外相合""动静相应"理念的理论基础。

第三章

三线资源型城市的基本特点

一、三线资源型城市的特点

三线资源型城市是指因为三线建设项目的投资与开发而建立或发展起来的，以煤炭、钢铁等资源开发和利用为主导产业的城市。对于三线资源型城市的特点，学界主要从两个方面展开讨论。

第一，三线资源型城市在城市选址阶段遵循独特的战略布局原则。

马泉山指出，如果按照经济学原理，将资源首先配置在投资回报高的中国东部地区，有助于获得较高的经济增长率。相反，投资较为落后的中国中西部，等于损失这部分机会收益，支付较高的机会成本。①但要做出这一符合经济利益最大化的战略布局，必须以和平作为时代背景。而对于处在战争阴影下的1964年的中国而言，从战争经济学的角度解读，把资金投资到相对安全的西部地区显然优于处于战争前沿的东部地区。②

三线建设存在的前提是，认为中国正面临外敌入侵或遭受核打击的现实危险，必须抢时间建立国家的战略纵深，打造战时可以依靠的后方工业基地。③因此三线建设是政府的一次特殊政治行为，不是一般意义上的经济行为，至少经济原因不是排在第一位的原因。④从政府特殊政治层面观察三线建设特殊性，可以发现超强的投资力度，超常的国防工业和重工业占比，选址布点的特殊要求使它具备了准战时的状态特点。⑤出于备战考虑，三线建设项目遵循着"靠山、

---

① 马泉山. 再谈三线建设的评价问题[J]. 当代中国史研究, 2011, 18(6): 63-70.
② 马泉山. 再谈三线建设的评价问题[J]. 当代中国史研究, 2011, 18(6): 63-70.
③ 马泉山. 再谈三线建设的评价问题[J]. 当代中国史研究, 2011, 18(6): 63-70.
④ 马泉山. 再谈三线建设的评价问题[J]. 当代中国史研究, 2011, 18(6): 63-70.
⑤ 马泉山. 再谈三线建设的评价问题[J]. 当代中国史研究, 2011, 18(6): 63-70.

分散、隐蔽"的原则,这一布局最根本的出发点在于"适应现代战争的特点,在热核大战下打不烂、炸不垮,平时、战时都能坚持生产协作,以保证战时需要"①。在三线工业布局中,明确提出"经济合理必须首先服从战争的需要,一切从备战观念出发",强调"战备观点检查一切"的指导思想,经济效益让位于战备需要。②因此,在三线项目基础上建立起来的三线资源型城市,大多处在远离中心城市、交通不便的地区。

尽管三线建设的起因在于当时"备战"的现实需要,但是三线建设选址问题造成的一系列不利的经济影响,长期以来还是引起了普遍争议。徐有威和陈熙认为"靠山、分散、隐蔽"的布局给后续的生产造成了很大的困难。③李宗植认为三线建设工业布局的标准不是经济合理、技术可行和交通便利,而是靠山、分散、隐蔽,盲目追求自成体系,没有注意充分发挥各自的资源优势,造成了重复建设和盲目发展。④事实上,大凡以战备为导向的资源配置,一旦外部情况发生变化,大都会遇到转型困难,都会引起质疑的问题,尤其是战时经济转入和平时期,选址等问题给转型带来的困难越多,受到质疑的声音就会越大。⑤

此外,学术界还讨论了与三线地区布局密切相关的交通问题,并对交通问题对于三线建设的意义做出了充分的肯定。例如,孙泽学指

---

① 陈东林. 抓住供给侧改革和军民融合机遇,推动三线遗产保护利用[J]. 贵州社会科学, 2016, 322 (10): 30-35.
② 徐有威, 陈熙. 三线建设对中国工业经济及城市化的影响[J]. 当代中国史研究, 2015, 22 (4): 81-92.
③ 徐有威, 陈熙. 三线建设对中国工业经济及城市化的影响[J]. 当代中国史研究, 2015, 22 (4): 81-92.
④ 李宗植. 我国三线建设及其得失浅析[J]. 兰州大学学报, 1988(3): 17-23.
⑤ 马泉山. 再谈三线建设的评价问题[J]. 当代中国史研究, 2011, 18 (6): 63-70.

出"三线企业"有相当一部分布点于远离城市的偏僻地区，交通不发达是制约这些地区经济发展的重要因素，在"三线建设"中，国家十分重视发展交通运输业，新建铁路 8046 千米占全国同期新增里数的 55%，这样，三线建设时期，"三线地区"初步形成的"以铁路为动脉、以公路为网络、内河为补充的交通运输格局"极大地改善了西部地区交通闭塞状况，加强了西部地区之间的联系及与其他地区的经济文化交流，扩大了西部地区资源开发和利用的领域。[1] 从某种意义上讲，这些道路的开通，对三线建设克服空间布局方面的劣势起到了非常关键的作用。

总之，三线资源型城市出于备战目的遵循"靠山、分散、隐蔽"的选址原则及其远离中心城市带来的交通不便，铁路等西部交通网所起到的关键性作用以及高昂的运输成本等特点，使它与主要从经济角度出发，把经济利益最大化作为首选条件，在非战争状态时期建立和发展起来的一般资源型城市有着明显的差异性。

第二，三线资源型城市及其三线企业在建设过程中存在着独特的管理运营模式。

三线建设是在巨大的国防压力下开启的，因此追求建设项目的高效率是它的必然选择。1965 年至 1978 年间，国家对"三线建设"投资 2000 多亿元，建成全民所有制企业（又称国有企业）29 000 个，其中仅大中型骨干企业和科研单位就有近 2000 个，形成 45 个专业生产基地和 30 多个各具特色的新兴工业城市。[2]

三线企业在施工过程中实施了军事化的管理制度，积极倡导全

---

[1] 孙泽学. 当代中国三次西部开发的历史比较[J]. 华中师范大学学报，2001, 40（3）：32-37.
[2] 孙泽学. 当代中国三次西部开发的历史比较[J]. 华中师范大学学报，2001, 40（3）：32-37.

国支持三线建设，安排老工业基地带动新工业基地，老工矿企业带动新工矿企业，经验丰富的老工人带领新工人，集中力量打歼灭战的协作精神。①三线企业以发展重工业尤其是军工业为核心，实行高度集中的计划管理体制，从选址布局到生产建设乃至生活配套等都由中央主管部门统一指挥，按照统一的条款规则运作，工厂的下游产业链被安置在东部或外地，原材料的输入和产品的输出都是通过外地计划调配。②

三线建设中，在强调项目快速建设的同时，经济效益却被长期忽视。③三线企业所生产的产品大多与军事和重工业相关，对国家计划指令的依赖度极高。④当时的人们普遍认为军工品不是商品，军工生产与价值规律无缘，资金上边给，原料上边拨，产品统一调；军工企业也把自己置于商品生产者之外，置于价值规律之外，生产不讲核算，产品不计成本，供给制、吃大锅饭的问题比一般民营企业更为突出。⑤与此同时，三线企业追求"小而全""大而全"，职工的社会福利等生活配套一般均由三线企业负责。⑥这一做法在今天又被冠以"企业办社会"之名。

此外，这种准军事状态的三线企业管理模式，同样对三线资源型

---

① 陈东林.三线建设——备战时期的西部开发[M].北京：中共中央党校出版社，2003：163.
② 徐有威，陈熙.三线建设对中国工业经济及城市化的影响[J].当代中国史研究，2015，22（4）：81-92.
③ 徐有威，陈熙.三线建设对中国工业经济及城市化的影响[J].当代中国史研究，2015，22（4）：81-92.
④ 陈东林.三线建设——备战时期的西部开发[M].北京：中共中央党校出版社，2003：163.
⑤ 李宗植.我国三线建设及其得失浅析[J].兰州大学学报，1988（3）：17-23.
⑥ 徐有威，陈熙.三线建设对中国工业经济及城市化的影响[J].当代中国史研究，2015，22（4）：81-92.

城市的管理产生了较大影响，因为大多数三线项目都是当时三线资源型城市的重点或核心项目，一些三线资源型城市是先有项目，后有城市。这类城市（如攀枝花）最初执行的是政企合一的管理模式。[①]在城市建立后一段较长的时期内，城市管理是以三线建设项目为核心的，这些城市存在的目的是协助三线建设企业把企业生产出来的战略资源源源不断运往国家计划统一指定的地点，城市本身并没有多少经营自主权。

总之，三线资源型城市及其三线企业实施的是政企合一、权力高度集中、统一调配人力物力的准军事化的计划经济管理运营模式，这一管理模式导致其长期对市场经济效益的重视程度明显不足。而一般资源型城市以及在这些城市中建立的各类企业多出于对经济利益的追逐，在运营过程中对资金、原材料、市场、劳动力等生产要素十分关注，对经济效益的追求成为其首要目标。

二、三线建设特区——攀枝花市的特点

本书把攀枝花市作为研究对象，主要基于它一方面具备一般三线资源型城市的共性，另一方面也具备其他三线资源型城市所无法比拟的典型性。

中国西南地区三线建设第一个重点是攀枝花钢铁工业基地。[②]在攀枝花钢铁工业基地基础上建立起来的攀枝花市，作为三线建设特区，既有与其他三线资源型城市共同的特点，也有着超越于其他三线资源

[①] 郑有贵，张鸿春. 三线建设和西部大开发中的攀枝花[M]. 北京：当代中国出版社，2013：59.
[②] 陈东林. 三线建设——备战时期的西部开发[M]. 北京：中共中央党校出版社，2003：127.

型城市的独特优势。

（一）攀枝花市与其他三线资源型城市的共性

攀枝花市作为三线资源型城市，与其他三线资源型城市有着诸多共性。首先，这些资源型城市的形成或发展都与三线建设项目（企业）关系密切，而这些项目在建设前的选址上基本都遵循了"靠山、分散、隐蔽"的原则，因此，这些城市大多存在交通不便、远离中心城市的问题。其次，这些城市在建立或发展初期，都经历了大规模从全国各地调配物资和选配人才的过程，形成了独特的三线移民文化。再次，这些城市在建设初期，大多推行了"政企合一"准军事化的管理模式，本着"先生产后生活"的方针，用席棚子和"干打垒"等非常简陋的设施解决吃住问题，表现出一种高亢的备战状态。最后，在整个过程中，建设者们都坚持了吃苦耐劳、艰苦创业的奉献精神，发挥出勇于探索、大胆创新的勇气，创造出一系列前所未有的成就，但同时也存在着许多值得反思的地方。

（二）攀枝花市的典型性表现

除了与其他三线资源型城市的共性，攀枝花市还具备其他三线资源型城市所不具备的典型性特征。作为三线建设特区的攀枝花，无论是从它所处的理想的战略后方的区域位置，具备的得天独厚的先天资源，建设之初就受到包括毛泽东、周恩来、邓小平、李富春等国家领导人的高度关注与重视的程度，还是它在建设过程中所取得的一个又一个辉煌的业绩看，它都具备了其他三线资源型城市所不具备的典型性。

首先，作为三线建设特区的攀枝花市地处中国西南部，位于四川与云南交界地区，置身于群山丛中，金沙江（长江上游段被称为金沙江）贯穿整座城市，另一条著名河流——雅砻江在这里与金沙江交汇相遇，这里属于地质学上的"攀西大裂谷"地区中南段，自然资源非常丰富，被称为"未来的工业天府"和"中国钒钛之都"，其资源富集度居于全国之首。截至 2020 年，攀枝花市已发现矿种 76 种，其中，钒钛磁铁矿保有储量为 67 亿吨，累计资源储量为 71.8 亿吨；铁贮量占全国的 16%，钒、钛储量分别占全国的 59%、93% 和全世界的 11%、35%；并伴生钴、镍、铬等 20 多种稀贵金属，煤炭保有储量为 5.6 亿吨，还储藏有铅锌铜等有色金属和花岗石、石灰石、粘土矿等非金属矿产。周边可利用煤炭资源达 550 亿吨，钒钛磁铁矿储量达 13.7 亿吨，富铁矿储量 4.1 亿吨。[①]由于这些先天优势，中共中央、国务院于 1965 年 2 月 5 日正式做出《关于成立攀枝花特区人民委员会的批复》，将攀枝花地区定为三线建设的特区[②]，1965 年春季攀枝花钢铁公司与成昆铁路、六盘水等项目一起成为三线建设所有项目中第一批上马的项目[③]。1984 年 12 月 8 日，在纽约曼哈顿联合国大厦被宣布为代表人类 20 世纪创造的征服大自然的三大杰作之一——"中国成昆铁路象牙雕刻艺术品"中的成昆铁路，正是为了打通攀枝花钢铁基地与外部的连通而修建的。[④]

与其他众多三线资源型城市一样，攀枝花地区位于中国腹地，远

---

① 郑有贵，张鸿春. 三线建设和西部大开发中的攀枝花[M]. 北京：当代中国出版社，2013：19-20.
② 郑有贵，张鸿春. 三线建设和西部大开发中的攀枝花[M]. 北京：当代中国出版社，2013：59.
③ 陈东林. 三线建设——备战时期的西部开发[M]. 北京：中共中央党校出版社，2003：126.
④ 郑有贵，张鸿春. 三线建设和西部大开发中的攀枝花[M]. 北京：当代中国出版社，2013：77.

离中心城市，远离边境，完全符合三线建设"靠山"和"隐蔽"的选址原则，再加上丰富全面的战略资源，成为三线建设时期最理想的战略大后方。

对于攀枝花的规划，毛泽东做出了"两点一线"的战略设计，即以攀枝花为中心，通过成昆铁路向重庆和六盘水两点做钟摆式辐射，六盘水的煤炭运到攀枝花，攀枝花的钢铁运到重庆，重庆的机器运到攀枝花和六盘水。[①]从这一战略设计中我们可以看到攀枝花在三线建设项目中的重要地位。

其次，从 1964 年秋季第一批进行施工建设的施工大军进入攀枝花开始，到1970年出铁，1971年出钢，1974年热轧钢材成功，攀枝花开始一步一步地铸就着自己堪称辉煌的历史。从 1964 年到 1978 年，攀枝花钢铁公司使西南地区的钢产量占全国的比重由原来的 4%上升到 12%。[②]根据攀枝花市统计年鉴公布的 2016 年数据，攀枝花市地区生产总值 1014.68 亿元；人均地区生产总值 8.22 万元，在四川省名列第一位；地方一般公共预算收入 56.76 亿元，人均居四川省第二；城市和乡村居民收入分别为 32 860 元和 14 057 元，均居四川省第二；工业化率 67.5%，居四川省第一；城镇化率 65.34%，居四川省第二。国务院办公厅 2013 年公布的《全国资源型城市可持续发展规划（2013—2020 年）》确定中国资源型城市共计 262 座，其中四川省一共有 10 个资源型地级行政区[③]，攀枝花市与四川省另外 9 个三线资源型地级行政区相比较，成绩非常显著（见表3-1）。

[①] 郑有贵，张鸿春．三线建设和西部大开发中的攀枝花[M]．北京：当代中国出版社，2013：9．

[②] 宁志一．从历史的比较中看四川跨越式发展[J]．四川党史，2000，184（4）：18-25．

[③] 国务院办公厅．全国资源型城市可持续发展规划（2013—2020 年）[EB/OL]．2013-11-12 [2013-12-03]．http://www.gov.cn/zwgk/．

据攀枝花市统计局2022年3月公布的统计数据显示：从1964年到2020年，攀枝花市的地区生产总值从0.37亿元增长为1040.82亿元[1]，共增长了2813.03倍（见图3-1）。从图中可以看出攀枝花市在近几十年来的建设中所取得的成就。

在攀枝花市的建设过程中，建设者们攻克了众多技术难题，进行了一系列大胆创新，如高钛型钒钛磁铁矿冶炼技术创新、"象牙微雕"钢城的设计、"地质禁区"建设铁路的突破、高山矿运输技术的创新等，其中高钛型钒钛磁铁矿冶炼技术创新解决了冶金领域的一个国际难题，首创了高钛型钒钛磁铁矿冶炼技术。而"象牙微雕"钢城的设计，在南北宽不到1千米、东西长仅有2.5千米、总面积只有2.5平方千米、面向金沙江、其余三面环山、地形自然坡度大、由5条大冲沟和2条断裂带横截场地的地方建起了一座高密度布置的钢铁厂，与当时国内同等规模的钢铁企业相比，其生产用地减少了一半，厂区内铁路少建90千米，土石方工程用量减少2/3。[2]

表3-1　2016年四川省三线资源型城市（地级市）人均GDP、城乡居民可支配收入统计

城市名	人均GDP		农村居民人均可支配收入（元）		城镇居民人均可支配收入（元）	
	绝对数	全省排名	绝对数	全省排名	绝对数	全省排名
攀枝花	82 221	1	14 057	2	32 860	2
自贡	44 481	4	13 192	7	28 455	9
雅安	35 335	10	11 138	16	27 352	14

---

[1] 攀枝花市统计局. 攀枝花统计年鉴[EB/OL]. 2022-03-03 [2022-04-15]. http://tjj.panzhihua.cn.

[2] "三线建设"和西部大开发中的攀枝花课题组. 让中国梦成真的一种实践探索——攀枝花钢铁基地建设和改革·发展对中国经验的生动诠释[J]. 教学与研究，2013（9）：5-13.

续表

	人均GDP		农村居民人均可支配收入（元）		城镇居民人均可支配收入（元）	
泸州	34 497	12	12 450	12	28 959	5
广安	33 130	13	12 479	11	28 218	11
阿坝州	30 171	15	10 702	17	28 048	12
凉山州	29 549	16	10 368	18	25 963	19
达州	25 921	17	11 718	14	26 016	17
南充	25 871	18	11 273	15	25 993	18
广元	25 072	19	9819	20	25 762	21

数据来源：攀枝花市 2017 年统计年鉴

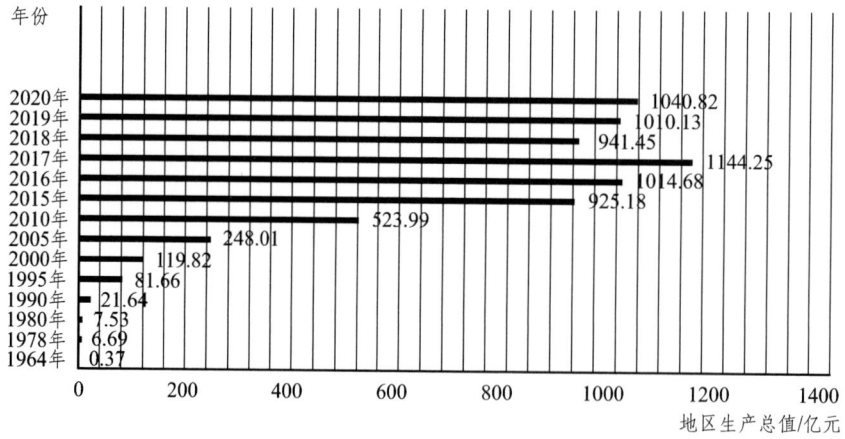

图 3-1　攀枝花市主要年份地区生产总值

数据来源：攀枝花市统计年鉴

攀枝花市在建设过程中所经历的困境，以及在这一过程中取得的成就（见图 3-1 和图 3-2），使它从众多的三线资源型城市中脱颖而出，格外醒目。因此，以攀枝花市为典型案例，对三线资源型城市展开研究，比较具有代表性。笔者认为选择攀枝花市这一典型的三线资源型城市展开个案研究，将会使对三线资源型城市转型中困境问题的研究变得更有深度，使本书所提出的对策更具有可借鉴性和可操作性。

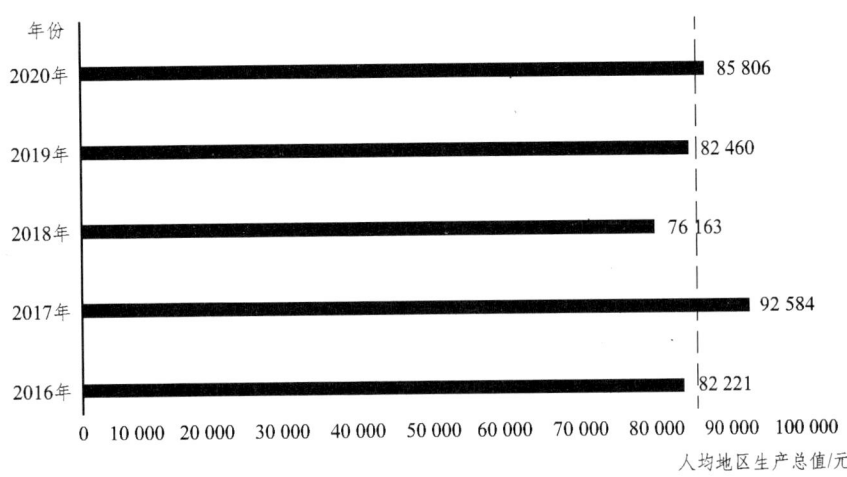

图 3-2　攀枝花市 2016—2020 年人均地区生产总值

数据来源：攀枝花市统计年鉴

三、三线建设重点城市——六盘水市的特点

六盘水项目是在 1964 年年底开始建设的。[①]按照三线建设的战略部署，六盘水主要是建设与四川攀枝花钢铁基地配套的大型煤炭基地，为攀枝花市的建设提供钢铁生产所需要的煤原料。

六盘水煤炭基地是西南地区三线建设的第二个重点。[②]六盘水这

[①] 陈东林. 三线建设——备战时期的西部开发[M]. 北京：中共中央党校出版社，2003：130.

[②] 陈东林. 三线建设——备战时期的西部开发[M]. 北京：中共中央党校出版社，2003：130.

一名称是六枝、盘县、水城3个县级辖区名称的第一个字组成的新地名。①六盘水市位于贵州西部，总面积约1万平方千米。与攀枝花市等三线资源型城市一样，在城市选址方面，六盘水市的选址遵循了"靠山、分散、隐蔽"的原则，位于在乌江与红水河分水岭上的乌蒙山与苗岭山脉交错之处。②

与攀枝花地区的钢铁项目一样，六盘水市从开工建设起，就拥有较大的规模：开工建设矿井23对，设计能力为1210万吨，建成洗煤厂4座，入洗原煤能力470万吨。此外，还建成了水城钢铁厂、水城水泥厂等一批大中型重工业企业。1978年12月，经国务院批准，撤销六盘水地区，设六盘水市，为贵州省第二个省直辖市。③

六盘水地区有着丰富的矿产资源，包括煤、铁、铅、锌、铜、锑、镍、铀、白云石、石灰石、汞等30余种矿产资源，其中，煤、铁、铅的储量为多。煤储量居全省之首，探明储量22 137亿吨，具有储量大、煤质全、品质优的特点，是全国14大煤炭基地的重要组成部分，是长江以南最大的主焦煤基地，素有"江南煤都"之称。煤层气资源储量142万亿立方米，占全省的45%，在全国63个重要煤层气目标区中列第12位，是贵州毕水兴煤层气产业化基地的重要组成部分。④六盘水市水能资源理论蕴藏量116.65万千瓦，平均每平方千米土地拥有水能资源理论蕴藏量117.66千瓦。可开发水力资源70.68万千瓦，占理论蕴藏量59.84%。

---

① 何郝炬，何仁仲，向嘉贵. 三线建设与西部大开发[M]. 北京：当代中国出版社，2003：197.
② 陈东林. 三线建设——备战时期的西部开发[M]. 北京：中共中央党校出版社，2003：130.
③ 何郝炬，何仁仲，向嘉贵. 三线建设与西部大开发[M]. 北京：当代中国出版社，2003：197.
④ 六盘水市档案馆（2021）. 自然资源[EB/OL]. 2021-05-26. http://www.gzlps.gov.cn.

然而，尽管六盘水地区资源丰富，但由于交通不便，在被三线建设开发之前的历史上，这里一直是一个非常贫穷的地区。①

六盘水市自建设以来，经历了四个不同的城市发展阶段。

第一阶段（1964—1978年）。1964年国家在贵州省建立大型煤炭基地，以六枝、盘县、水城为主，从而结合形成"六盘水"地区，并开始城市建设。1966年，六盘水地区成立煤炭工业建设指挥部，相继成立了大批煤炭企业，以六枝矿务局、水城矿务局、盘江矿务局为首，这标志着六盘水市煤炭工业建设正式拉开序幕。这一时期，贵昆铁路建设完成，为日后城市发展建设奠定了坚实基础。1978年，根据六盘水地区的发展程度，政府将六盘水地区改为六盘水市。这一阶段，六盘水地区资源产业大规模发展，社会经济持续增长，城市规模不断扩大。至1978年，六盘水市实现工业总产值1.22亿元，比1965年增长了15.4倍；农业总产值1.36亿元，比1965年增长84.36%，平均增长4.82%。六盘水作为新兴的工业城市已初具规模。②

第二阶段（1978—2002年）。1978年六盘水地区改为六盘水市后，保持了持续快速发展的势头，至1998年，六盘水市地区生产总值达68.2亿元，按可比价格计算，比1978年增加了4.5倍，年平均递增8.9%。然而在此期间，高速增长的经济也使一部分矿区资源走向枯竭的命运，伴随煤炭价格的下降，煤炭产业受到严峻挑战。与大批资源型城市遭受的厄运类似，六盘水境内的水城、六枝两大矿务局开始接连崩溃，大批工人下岗。与此同时，六盘水市共有人口300万，城市人口仅25万，农村人口占90%，贫困人口达60万，全市城镇居民收入人均高于农村居民3523元，城乡二元结构十分突出。长期在计划性

---

① 陈东林. 三线建设——备战时期的西部开发[M]. 北京：中共中央党校出版社，2003：130.
② 夏雪. 六盘水市可持续发展战略选择——"煤都"到"凉都"的转变[D]. 天津：天津大学，2008.

开发中遵循"先生产后生活"的原则，导致六盘水城市基础设施相对落后，城市发育先天不足。2001年，六盘水市实现地方财政收入5.4亿元，其中仅原煤税收占全市1/4还要多，在财政收入中四大支柱产业原煤一项就占75%。①

第三阶段（2002—2012年）。历经5年到10年的阵痛后，政府提出了科学发展、加快发展、生态立市的战略决策，破坏资源与环境的地方小煤矿被关闭，有证煤矿逐步规范化生产，煤矿数量虽大幅减少，煤炭产量却大幅度增加。②随着西部大开发战略的推进，六盘水市作为"西电东送"的重要能源基地，城市经济发展迅速，城市建设区域不断向外扩张，进入全面发展阶段。③

第四阶段（2013年至今）。2013年颁布的《全国资源型城市可持续发展规划（2013—2020年）》中，六盘水市被确定为成长型资源型城市，六盘水市地区生产总值和人均GDP依然呈现持续增长趋势（见图3-3、图3-4）。2020年，六盘水市地区生产总值1339.62亿元，同比增长4.5%。其中，第一、二、三次产业结构为12.7∶44.8∶42.5，与上年相比，第一产业和第三产业占比上升0.5个和0.7个百分点，第二产业下降1.2个百分点。④尽管到目前为止，六盘水市的煤炭资源依然丰富，然而资源枯竭几乎是所有资源型城市在发展过程中不可避免的难题，六盘水市同样面临着如何从单一产业结构转向多元化产业结构，从单纯的资源型城市转变为综合型城市的现实问题。

---

① 六盘水市统计局. 六盘水统计年鉴（2000—2007）[M]. 六盘水：六盘水市统计局，2008.
② 夏雪. 六盘水市可持续发展战略选择——"煤都"到"凉都"的转变[D]. 天津：天津大学，2008.
③ 姜楠. 资源型城市产业调整对空间形态的影响研究——以贵州六盘水市为例[D]. 长春：吉林建筑大学，2016.
④ 六盘水统计局. 六盘水市2020年国民经济和社会发展统计公报[EB/OL]. 2021-01-26 [2021-01-26]. http://tjj.gzlps.gov.cn.

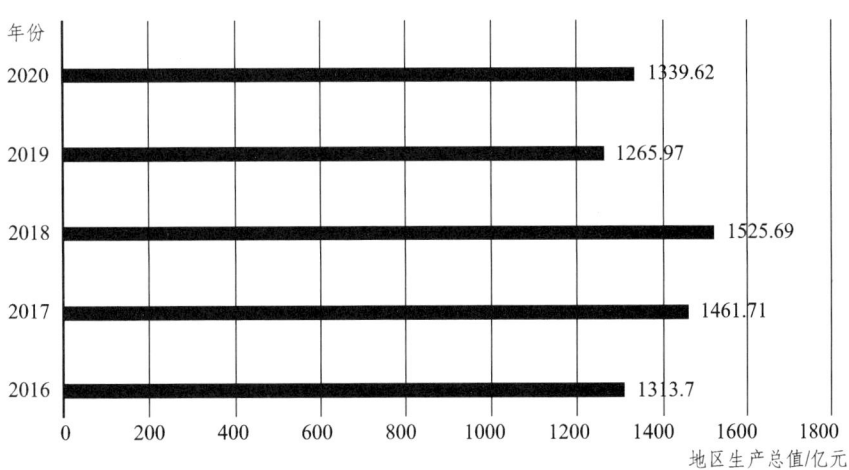

图 3-3　2016—2020 年六盘水市地区生产总值

数据来源：六盘水市 2016—2020 年国民经济和社会发展统计公报

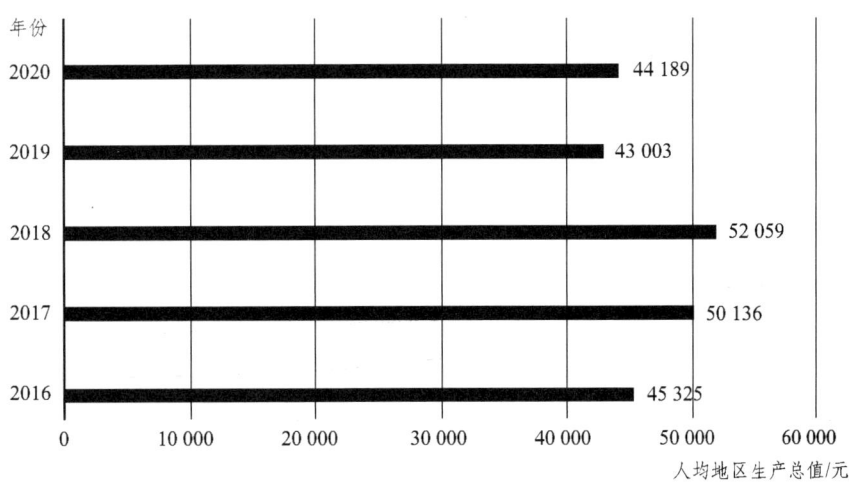

图 3-4　2016—2020 年六盘水市人均地区生产总值

数据来源：六盘水市 2016—2020 年国民经济和社会发展统计公报

第四章

三线资源型城市转型问题的研究方法

一、研究方法

本书使用的研究方法主要包括：① 个人深度访谈记录；② 文献引用；③ 相关案例比较；④ 从官方统计部门、政府网站、行业协会获得的相关权威统计数据以及攀枝花市哲学社会科学专题科研项目课题组通过调研收集的第一手统计数据与问卷调查。

开展个人深度访谈的目的是获得真实可靠的第一手资料，掌握攀枝花这座资源型城市在转型过程中遭遇的困境，全方位揭示出隐藏在转型困境背后的深层次原因，找到突破困境的现实可行性路径。

本书选择相关案例比较的研究方法是为了证明通过本研究所选定的目标城市所得出的结论有较强的科学性和合理性，从而使本书的研究结论具有更高的信度。

本书选择引用官方权威统计数据以及城市社科项目的第一手调研数据的原因是这些数据在很大程度上能够全面客观地反映所选出的案例代表城市攀枝花市和作为参照比较城市的六盘水市城市转型中面临的问题，也能为一些现实问题的存在做出合理的解释，同时还能够成为转型对策提出的客观依据。

本书选择问卷调查的方法是为了换一个角度对通过个人深度访谈和官方权威数据所得出的结论做出验证，从而增强本书研究的信度。

二、数据来源

本书使用的数据来源主要包括三个：① 与本研究选题密切相关的

17位受访者（14位面对面访谈和3位电话访谈），按不同城市分成2组，包括13个来自攀枝花市的访谈记录（均为面对面访谈）和4个来自六盘水市的访谈记录（3个电话访谈和1个面对面访谈）。其中，攀枝花市的13位受访者包括3位在三线企业工作的不同层次管理者和员工，4位在攀枝花市政府不同部门工作的人员，以及6位从事钒钛产业研究、阳光康养产业研究和三线文化遗产研究的专业技术人员，其中每一方向各2位。②政府官方统计数据，行业协会以及攀枝花市哲学社会科学专题科研项目课题组通过调研收集的第一手统计数据。③问卷调查数据。

（一）访谈

1. 访谈对象

本书根据选题需要，一共选择了17位深度访谈对象，基本资料如下（见表4-1）。出于保护受访者个人隐私的需要，本书隐去了受访者真实姓名，一律采用数字编号，并根据这17位访谈对象受访问题所指向的城市的差异，将受访对象分为2类。同时，为了避免个人偏见对访谈内容真实性的干扰，笔者对每一类访谈对象都选择了2名或2名以上的人员，以此尽可能确保访谈结果的客观性和可靠性。

第一类包括13位来自攀枝花市的受访者（均为面对面访谈），分为3个组。

第1组包括3位攀枝花钢铁股份有限公司（三线建设核心项目）在岗领导与员工。选择这3位受访对象开展深度访谈的目的是从多个角度对攀枝花市三线企业近年来的发展状况和未来发展的潜力有较深度的了解。

表 4-1 受访者个人基本资料

代号	类别	性别	年龄	工作单位	职位（职称）	调研方向	在被调研城市工作时间
1号	1	男	51	攀枝花钢铁公司	副经理	三线企业	1989—2019
2号	1	男	50	攀枝花钢铁公司	副处长	三线企业	1990—2019
3号	1	男	51	攀枝花钢铁公司	科员	三线企业	1988—2019
4号	1	女	49	攀枝花市政府	处长	城市统计数据	1992—2019
5号	1	女	28	攀枝花市政府	办公室主任	工商管理	2013—2019
6号	1	男	35	攀枝花市政府	科长	城市发展转型	2008—2019
7号	1	男	50	攀枝花市政府	副处长	党派工作	1990—2019
8号	1	男	44	攀枝花学院	副院长（教授）	钒钛产业	2000—2019
9号	1	男	43	攀枝花学院	副院长（教授）	钒钛产业	2001—2019
10号	1	男	46	攀枝花学院	办公室主任	阳光康养产业	1995—2019
11号	1	女	51	攀枝花学院	副院长（教授）	阳光康养产业	1990—2019
12号	1	男	30	攀枝花学院	历史教研主任	三线遗产保护	2014—2019
13号	1	男	44	攀枝花学院	院长（教授）	三线遗产保护	1995—2019
14号	2	男	50	六盘水市政府	副县长	城市管理	2009—2014
15号	2	男	51	六盘水市政府	副县长	城市管理	2015—2019
16号	2	男	48	六盘水市煤炭企业	副主任	煤炭企业	2015—2019
17号	2	男	52	攀枝花钢铁公司	科员	与六盘水煤炭贸易	1988—2019

第2组包括4位与课题调研内容相关的攀枝花市政府职能部门工作人员。选择这4位受访对象的目的是通过在政府不同职能部门工作的人员，了解攀枝花市政府发展的现状及未来发展的潜力。

第3组中共6人，分成3个方向，每个方向分别包括2位与课题调研内容相关的攀枝花市专门从事"钒钛产业""阳光康养产业""三线建设遗产保护"专题研究的专业技术人员。对"钒钛产业"进行深度访谈的目的是了解目前攀枝花市钒钛研究的进展程度，技术研发人员的实力情况，钒钛研究与钒钛产业结合转化的现状，以及钒钛产业未来的发展前景等。对"阳光康养产业"进行深度访谈的目的是了解攀枝花市阳光康养产业的发展现状与前景，攀枝花市阳光康养产业在未来的发展中是否具备取代钢铁产业，逐渐发展为城市支柱性产业的潜力等。对"三线建设遗产保护"专题展开深度访谈的目的是了解攀枝花市三线建设遗产保护现状、历史与现实影响力，目前存在的问题，以及把三线物质遗产转化为旅游资源的潜力等。

第二类包括4位受访者，其中3位来自六盘水市（电话访谈），1位来自攀枝花市（面对面访谈）。第二组分为2个组。

第1组共2人，均来自六盘水市政府，选择2人的目的是了解六盘水市转型发展的历史、现状与未来发展的潜力。

第2组共2人，1位是来自六盘水市的煤炭企业管理者，另1位是来自专门负责与六盘水市煤炭企业贸易，经常前往六盘水市出差的攀枝花市攀枝花钢铁公司贸易部工作人员。选择这2位受访者的目的是希望从不同角度了解在六盘水市作为支柱性产业的煤炭企业的运营情况。

2．主要访谈问题

对于攀枝花市三线建设参与者的访谈问题主要包括三个部分：攀

枝花钢铁公司的整体形势，现在公司面对的最大困境；公司的生产形势，公司对管理问题的认识；公司产品目前的销售形势，销售中最大的障碍，对公司未来发展的建议等。

对于攀枝花市城市转型研究的主要访谈问题包括四个方面：过去五年统计数据中显示出的攀枝花市总体的经济状况和在城市转型中面临的困境，对未来的建议；攀枝花钒钛产业的发展现状和遭遇的困境，对未来的建议；攀枝花阳光康养产业的整体现状和面对的困境，对未来的建议；攀枝花三线建设遗产的保护现状，在保护三线建设文化遗传过程中存在的问题，对未来的建议。

对于六盘水市城市转型研究的主要访谈问题包括三个方面：六盘水市城市转型发展的现状，六盘水市发展所面临的困境，受访者对六盘水转型发展的建议。

对于六盘水煤炭企业转型发展的主要访谈问题包括三个方面：六盘水市煤炭企业转型发展的现状，企业面临的困境，受访者对企业转型发展的建议。

（二）官方统计数据等

笔者参考的数据包括 2021 年由攀枝花市统计局公布的攀枝花市 2020 年度的各项数据，2020 年六盘水市统计局官方网站公布的《六盘水市 2020 年国民经济与社会发展统计公报》，四川省和攀枝花市钒钛行业协会会议上公布的相关数据与材料以及攀枝花市哲学社会科学专题科研项目课题组通过调研收集的第一手统计数据等。

（三）问卷调查

为了证明个人深度访谈和官方数据所得到的结论的信度和效度，

笔者专门在攀枝花市唯一的一所高等本科院校随机抽出了331名学生，针对其"是否选择留在攀枝花市就业及其原因"进行了问卷调查，从侧面证明攀枝花市转型发展的现状，造成这一现状的原因，以及验证攀枝花市转型发展对策的合理性。具体问卷问题，将在数据分析部分加以介绍。

三、数据分析

1. 对个人深度访谈材料的初步整理与分类

笔者遵循 Eisenhardt 的理念和 Van Maanen 的思想。Eisenhardt 认为"研究需要与现实经验相关联，以便发展出一套可供检验的、相关的、有效的理论"[1]。Van Maanen 认为此类研究"应该在实证基础上保证研究的可信性和可分析性，最终才是研究问题的有趣性"[2]。因此，笔者首先根据访谈所收集的数据信息开展对问题的研究。

在整个分析过程中，笔者反复思索原始材料与现有材料呈现的模式以及相关的资源型城市转型理论和三线资源型城市的基本特点之间的关系问题。本书分析采用的是迭代的而不是线性的路径，但为了简单起见，这里列出分析的不同阶段。

第一步：由于本书的研究目的是提出三线资源型城市转型的对策，分析的第一步就是要通过访谈找出三线资源型城市转型的困境分别包括哪些。本书的访谈在17个相关人员中展开。

---

[1] Eisenhardt K. M. Building Theories from Case Study Research[J]. Academy of Management Review, 1989（14）: 532-550.
[2] Van Maanen J. Tales of the Field[M]. Chicago: University of Chicago Press, 1988:29.

第二步：根据从受访者中收集的攀枝花市和六盘水市城市转型中的困境以及造成困境的原因分析，提出关于城市转型的对策。

2. 官方权威数据与城市专项研究课题调研的第一手资料对个人深度访谈资料的补充与证明

本书收集了来自攀枝花市哲学社会科学专题科研项目课题组通过调研收集的第一手统计数据，这些资料对攀枝花市城市转型发展中重点打造的"阳光康养产业"的现状有清楚的描述。

3. 问卷调查对个人深度访谈材料的侧面检证

相关研究表明，经济发展与产业结构的调整很大程度决定于人才资源知识的转化程度，取决于人才资源与经济的结合方式。① 随着科学技术的进步与新兴产业的发展，科学技术成为经济发展的主要动力，而掌握科学知识的人才便成为产业发展的关键因素。② 因此，就业意愿一方面在一定程度上能够间接反映出一个城市的发展现状和未来，另一方面也能直观地反映出一座城市对人才的吸引力和城市劳动力供给状况。因此，为了进一步检验个人深度访谈以及官方发布的相关数据的准确性，笔者于 2018 年 12 月 10 日至 25 日，对攀枝花学院学生在攀枝花市就业的意向展开了随机问卷调查，希望通过对学生"是否选择留在攀枝花市就业及其原因"的调查统计，从侧面得到对这座城市现状、存在的问题以及城市未来发展趋势的信息。

---

① 荣志远. 区域人才资源开发与经济增长关系的实证研究——以甘肃省为例[D]. 兰州：兰州大学，2007.
② 梁顺姬. 试析人力资本与产业结构调整[J]. 河北成人教育学院学报，2006，12（6）：71-73.

四、具体研究方法

本书采用了定性研究的方法，采用个人深度访谈的方法开展定性研究，在获得定性研究的结果后，用官方权威数据加以补充，随后又采用了问卷调查的方式检验了访谈研究的结论，证明了访谈研究结论的可靠性。本书还借用了历史学研究中的"历史学比较法"，通过对同一历史时期性质相同的案例城市进行对比，进一步证明本研究结论的可靠性。

在开展个人深度访谈方面，在进行研究设计时，为了减少笔者给调研现场和研究对象带来的影响，笔者遵循了 Miles 和 Huberman 的建议，即清晰地向受访者阐明本研究的意图和数据收集过程。[①] 为了尽量减少研究场所对研究者的影响，避免"精英偏差"，本书选择的受访对象不仅包括各级部门的管理人员，也包括一部分非管理岗位的普通工作人员。

在深度访谈中，在 17 位受访者中有 14 位采用的是面对面个体访谈，即访谈只针对单一受访者展开。访谈采用的是半结构化访谈，即开始设定几个特定的问题，随着访谈者的深究，受访者开始出现脱离原本路径的思考，并自觉扩充出更大的信息量。在访谈过程中，笔者允许受访者对熟悉的领域做更多与本研究方向相关的内容阐述，而对于不熟悉的问题采取回避的态度。在保证回答完研究者设定的问题后，受访时间的长度通常由受访者自行决定。由于笔者一直本着尊重受访者基本意愿的原则开展访谈，在分别对 14 位受访者进行访谈的过程

---

① Miles M. B., Huberman A. M. Qualitative Data Analysis[M]. Thousand Oaks, CA: Sage, 1994.

中，总体气氛都比较融洽。但由于本访谈过程中存在少量受访者不愿公开的信息，如姓名等，因此在后期的记录中笔者都做出了删除处理。笔者针对14位受访者的访谈，在征得受访者同意的前提下，都做了同步录音和简单笔录，并当场请受访者看了书面记录，与受访者达成了个人隐私保密协议，对被受访者可以公开的内容部分做了约定，并在24小时内做了誊写。

在17位受访者中，有3位受访者采用的是电话访谈，即借助电话的方式展开对受访者的一对一访谈。在征得受访者同意的前提下，对访谈过程做了电话录音记录。在保证回答完研究者提前设定的问题后，受访时间的长度由受访者自行决定。访谈结束后，应受访者要求，在誊写受访报告书时，隐去了受访者的姓名等个人隐私资料。

在面对面访谈的过程中，笔者录下了访谈内容并转化为文稿，每次访谈有两名研究者主持：一名负责访谈，一名负责录音和记录重点。访谈结束后，两名研究者立刻相互查对重要信息。本书遵循了Eisenhardt的规定：① 在24小时内完成访谈细节的记录；② 包括所有访谈的数据；③ 根据研究者整体印象归纳每次访谈记录。[①]

为了提高本书研究结果的可信度，本书依照Miller, Cardinal和Glick[②]的建议及Cardinal, Sitkin和Long[③]所采用的方法，采用了自由报告而非强迫性报告，研究对象不用回答他们记不清或不熟悉的问题。与此同时，我们还针对同一个问题询问不同的研究对象，以核实

---

① Eisenhardt K. M. Building Theories from Case Study Research[J]. Academy of Management Review, 1989（14）: 532-550.
② Miller C. C., Cardinal L. B., Glick W. H. Retrospective Reports in Organizational Research: A Reexamination of Recent Evidence[J]. Strategic Management Journal, 1997(40):189.
③ Cardinal L. B., Sitkin S. B., Long C. P. Balancing and Rebalancing in the Creation and Evolution or Organizational Control[J]. Organization Science, 2004(15): 411-431.

个人报告的准确性。

在处理个人深度访谈的数据时，笔者首先在采集个人深度访谈的资料后，针对访谈的内容进行了第一次归类处理，主要分成"转型困境"和"对策建议"两大类。其次，对"转型困境"进行了第二次分类，分为区位困境造成的布局劣势和制度困境造成的经营劣势；对"对策建议"也做了第二次分类，分别从城市空间战略定位、城市经营战略定位着手，展开关于对策与建议的论述。最后，针对第二次分类结果展开分析，并得出了相应结论。

在开展个人深度访谈的同时，笔者还采用了官方权威数据和针对第三方的问卷调查数据，补充访谈数据。

由于选用问卷调查的目的是通过对学生"是否选择留在攀枝花市就业及其原因"的调查统计，从侧面得到对这座城市现状、存在的问题以及未来发展趋势的信息，因此，笔者围绕这一目的，设计了一套调查问卷。笔者借助腾讯问卷平台，随机选择了331位攀枝花学院的学生。问题的设定也选用了单项选择题、多项选择题等形式，问题主要包括："你喜欢攀枝花市吗？""如果有机会留在攀枝花市就业，你会留下来吗？""如果你选择离开，理由是什么？""如果你选择留下来，理由是什么？"设计这些问题的目的是通过问卷从侧面证明访谈中收集到的关于攀枝花市困境的内容的可信度和本研究中提出的对策是否具有现实基础。

本书还采用了历史学研究中的"历史学比较法"（案例比较法），选择了另一座与四川省攀枝花市在同一时期开展建设、几乎处于同等重要地位的三线资源型城市——贵州省六盘水市作为比较研究对象，同时展开研究。"历史学比较法"是指对具有一定关联的历史现象和概念，包括事件、人物、制度等，进行比较对照，判断异同，分析缘由，把握历史发展进程的共同规律和特殊规律，认识历史现象的性质和特点。①历史学比较法包括相关性原则、对应性原则、重点性原则和时代性原则四大原则，本书是根据其中的"相关性原则"（即通过对同一历史时期性质相同的事件进行比较，从而进一步认识这些事件的共性和个性的原则）展开的研究。通过比较研究，有利于从研究的领域把握全局与局部的异同关系，以便进一步找到历史发展的普遍规律和特殊规律。②

---

① 曹德品. 浅谈历史比较法及其意义[J]. 科教导刊，2011（11）：28-29.
② 曹德品. 浅谈历史比较法及其意义[J]. 科教导刊，2011（11）：28-29.

第五章

三线资源型城市转型的基本困境

在采访的过程中，笔者收集到大量关于攀枝花市这座三线资源型城市转型的困境的内容，并对这些内容做了初步的分类（见表5-1）。与此同时，也收集了一定数量的作为攀枝花市对比参照城市的六盘水市城市转型困境的内容，同时对这些内容做了初步分类（见表5-2）。

在对攀枝花市所面临的一系列困境做进一步分析后，笔者发现，这些困境可以总结为"布局困境造成的城市区位劣势"和"制度困境造成的城市经营劣势"两大类。

一、布局困境造成的城市区位劣势

从前面关于三线资源型城市布局特点的文献中不难发现，三线建设中"靠山、分散、隐蔽"的布局设计是出于国防战略的考虑，然而，当时过境迁，国家所面对的外部环境发生变化，国家战略重点也随之发生重大改变时，出于"备战"需求的最理想的"区位优势"却成为"和平年代"制约城市转型与发展最大的"劣势"。[①]三线地区过去山高沟深的区位优势难以适应这种战略转换，过去是"飞机飞不进，大炮打不穿"，现在是"资金进不来，项目难展开"。[②]攀枝花钢铁公司及其所在城市——攀枝花市作为遵循这一原则的"典型代表"，北距成都630千米，南距昆明280千米[③]，位于群山深处和容易隐蔽的攀西大裂谷地区，与中心城市之间巨大的空间距离，

[①] 曾狄，申肖梅. 新城市贫困的社会后果[J]. 理论与改革，2000(2): 81-82.
[②] 曾狄，申肖梅. 新城市贫困的社会后果[J]. 理论与改革，2000(2): 81-82.
[③] 攀枝花市人民政府. 攀枝花市情介绍 [EB/OL]. 2022-01-20. http://panzhihua.gov.cn/zjpzh/sqgk/.

在今天以"和平与发展"为时代主题的全球化时代和以信息物流快速传输为特征的信息化时代，明显加大了城市与外界往来的时间成本和空间成本，成为阻碍了"资本投资"和"人才引进"这两个发展现代产业核心因素的"天然屏障"。马泉山所指出的三线建设布局"靠山、分散、隐蔽"原则将带来的"效率低下"和"成本高昂"等结论①，在攀枝花城市转型发展的现实中得到证实，"区位劣势"实实在在地成为今天困扰其转型发展的一大现实困境。而另一座三线资源型城市——六盘水市距离其省会城市贵阳250千米、重庆610千米、成都700千米、昆明310千米②，同样因为远离中心城市，交通不便，在被三线建设开发之前的历史上一直是一个非常贫穷的地区③，在开展三线建设后，也在城市转型发展的过程中因为明显的区位劣势而受到过巨大困扰。

接受访谈的攀枝花市三线企业员工对攀枝花市区位劣势状况有这样一些描述："攀枝花钢铁公司地处中国偏远西部，交通造价高昂，区位劣势明显。"（a1-1）"目前运输问题是困扰攀枝花钢铁公司产品销售的最大问题……导致了销售成本的增加。"（a1-3）

与攀枝花市相似，在笔者针对六盘水市的访谈中，受访者也提到，五年前，六盘水市由于市内外交通和城市环境都不理想（b7-1），在引进人才方面受到了很大的影响（b7-2）。

---

① 马泉山. 再谈三线建设的评价问题[J]. 当代中国史研究，2011，18（6）：63-70.
② 六盘水市交通运输局. 六盘水市交通局交通概况[EB/OL]. 2018-02-02. http://jtj.gzlps.gov.cn/jtgk/.
③ 陈东林. 三线建设——备战时期的西部开发[M]. 北京：中共中央党校出版社，2003：130.

表 5-1　三线资源型城市（攀枝花市）转型困境访谈要点记录

城市转型困境类别	访谈记录内容
区位交通状况方面	"攀钢由于地处中国偏远的西部地区，交通造价高昂，不仅不具备任何优势，而且区位劣势十分明显。"（a1-1） "从高速公路看，比较一下东部地区，我们会发现巨大的差异，攀枝花目前通的高速公路只有一条；其次再看高铁，缺乏高铁限制了攀枝花的发展。外面的人来这里谈项目时，也要看你交通的发达水平，我们这里人员进出不方便，货物进出也不方便。"（a1-2） "目前影响攀钢产品销售的主要是运输问题。攀枝花市地处交通十分不便的中国西南地区，由于地域区位劣势，运输问题是困扰攀钢产品销售的最大问题……导致了销售成本的增加。"（a1-3）
企业市场经营方面	2013—2015 年攀钢曾经历过一个非常困难的时期，尤其是 2014 年，"生产每吨钢材平均成本为 2200 元，而每吨钢的市场价却仅有 1870 元左右，这意味着每卖出 1 吨钢，就要损失 300 到 400 元人民币"。（a2-1）
企业管理方面	"过去管理层太多，管理者与员工接触机会少，导致管理层和员工关系疏远，管理层与执行层之间目标不一致，岗位范畴过去界定不清，辅助岗位太多，管理成本大，矛盾冲突较多。"（a3-1）
资金引进方面	"目前攀枝花市已经有钒钛产业发展基金和康养产业发展基金，但是……需要规定的银行融资等复杂过程……因此如何获得更多的资金支持是这两大产业发展面临的难题。"（a4-1） "近年来吸引外资是一个重要的资金来源，但是沿海地区在吸引资金方面具有较大优势，资金投入那些地方是可以立竿见影的……而资金若投到实业中，是需要一段时间的沉淀才会看到结果的，因此这里吸引资金是比较困难的。"（a4-2）

续表

城市转型困境类别	访谈记录内容
政府基层管理方面	"从基层的角度看,现在基层工作人员的工作比较繁重,一个重要的原因在于重复性的工作太多……大量工作报表是重复的……造成了大量人力资源和时间成本的浪费。"(a5-1)
钒钛产业发展情况	攀枝花钒钛技术"目前还处于中低端水平,急需向高端发展。主要表现在规模不大,产业链不完整,攀枝花市人才质量不高和数量不多,原因是本地没有区位优势,吸引力弱,人才流失严重"。(a6-1) "从数量上看,我们从事钒钛研究的人数是不够的,远远不够;从质量上看,我们缺乏领军人物。由于攀枝花本地从事钒钛研究的人很少,没有形成团队,我们的人才在本地不具备优势。"(a6-2)
阳光康养产业方面	"攀枝花市阳光康养产业发展所面临的第一个困境就是交通不便。目前攀枝花市没有高铁,只有火车和高速公路,虽然有飞机,也只有一个中型飞机场,乘坐飞机出入十分不便……从北京到攀枝花要乘坐近50个小时的火车。第二个困境就是内部基础设施滞后。目前攀枝花市市区的交通还是比较方便的,但是市区之外就十分不理想了……很多地方都是许多年前修的旧公路,路况很差。能够让老年人流连忘返的景点,交通状况大多不理想。"(a7-1)
三线建设遗产保护利用	"现在全国范围内三线文化遗产保护还只是一个初步的开端,工作做得不太扎实,保护力度不大……工业遗产后期的保护与利用做得比较弱。"(a8-1) "我们要弄清楚三线文化遗产包括哪些……怎么保护……到目前为止,都还没有一个好的思路。"(a8-2) "关于攀枝花市三线建设文化遗产价值与潜力的评估有一些难度……比如说,国防文化我们应该怎么去做?行业文化我们应该怎么去继承?地域文化我们应该怎么去尽可能地融合?移民文化我们应该怎样去看待?"(a8-3)

表 5-2 六盘水市转型困境访谈要点记录

城市转型困境类别	访谈记录内容
思想观念方面	"老百姓的观念比较落后,在推进城市转型和扩大生产方面受到老百姓的阻力还比较大。"(b1-1) "管理层在转变观念方面的引导工作做得还不够,没有使老百姓明白,只要转变了观念,实现了转型,城市发展起来了,自然就会获得实惠。目前老百姓还是只看到眼前利益,看不到长远利益。"(b1-2) "普通老百姓的生活水平还是偏低,普通市民的观念比较落后。"(b1-3)
企业效率方面	"虽然是资源型企业,但是企业效率提不上去,普通职工的工资比较低。"(b2-1)
管理模式方面	"传统的计划经济模式对他们的影响还比较大,他们的思想还没有开发出来,管理模式还比较陈旧、比较固定,还属于传统的计划体制管理模式。"(b3-1) "在管理方面还存在较大的改进空间,对企业和整个城市转型还存在不利的影响,所以目前六盘水市的城市转型发展情况不是太理想。"(b3-2)
生产阶段方面	"我们属于生产的最原始阶段,没有深加工,全部是卖原材料,需要产业链延伸,才能进入一个良性循环阶段。目前我们生产的产品只是基础部分,东西卖出去了,产品的价值却没有体现出来,利润太低。"(b4-1)
城乡差距方面	"城市二元制结构问题还比较突出,广大的农村地区发展还不均衡。"(b5-1)
农民受教育程度方面	"农民及其周边的人受教育程度不高,对社会秩序规范了解比较少,遵守社会规范秩序的意识还不强。"(b6-1)
基础设施方面	"五年前这个城市想转型,但是有些难,主要是基础条件不好,市内外交通和城市环境都存在一些问题,环境卫生还不是很理想。"(b7-1)
引进人才方面	"(五年前)这个城市的转型状况并不理想,曾在引进人才方面做了一些努力,但是由于交通环境等问题,高科技人才不愿意进来。"(b8-1)
旅游业方面	"(五年前)市政府一直在做旅游产业,但不太理想,加之煤炭产业对地域环境的负面影响,旅游产业状况并不太好。"(b9-1)
发展潜力方面	"(六盘水市)发展的后劲儿和潜力不太充分,主要的经济增长和来源还比较单一。"(b10-1)

以上的访谈内容比较具体地反映出了攀枝花市和五年前的六盘水市区位劣势情况给当今的攀枝花市和曾经的六盘水市城市转型发展带来的困扰。

与此同时，笔者借助"腾讯问卷"的平台，通过让学生用手机扫描二维码回答问卷的方式发出针对攀枝花学院学生就业意向的问卷，共收回问卷331份。问卷中反映的具体情况如下：

（1）对于问题"你喜欢攀枝花市吗？"，本研究设计了从"非常不喜欢"到"非常喜欢"五个选项。学生中回答非常不喜欢的仅有17人，占总人数的5.1%；非常喜欢的34人，占总人数的10.3%；介于喜欢与不喜欢之间的151人，占总人数的45.6%。从这一数据看，接近一半的学生对攀枝花市没有特别好的印象，也没有特别坏的印象。

（2）对于问题"你将来如果有机会在攀枝花市就业，你会选择留下吗？"，有93人选择会留下，占总人数的28.1%；238人选择不会留下，占总人数的71.9%。这一数据显示接近3/4的学生选择离开攀枝花市，说明攀枝花学院的学生绝大多数学生并不希望留在这座城市就业（见图5-1）。

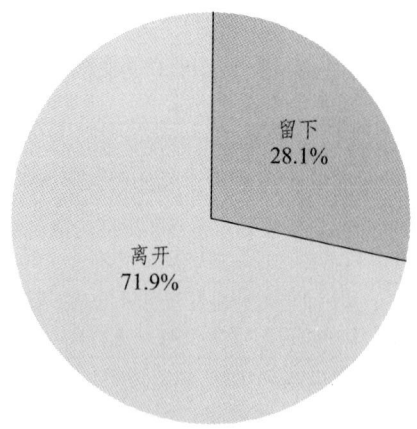

图5-1 攀枝花学院学生就业意愿统计

(3）对于问题"如果你选择离开，原因是什么？（多选题）"，有187名学生选择了"城市交通不便，没有高铁，进出不方便"，这是选择人数排在第一位的选项，占选择"不留下"总人数的78.6%。排在第二位的原因是"距离中心城市太远，发展空间不大"，127名学生选择了这一理由，占选择"不留下"总人数的53.4%。分别有69人和67人选择了"这座城市没有适合我的专业"和"这座城市就业现状不好"，分别占选择"不留下"总人数的29%和28%。只有32人选择"不相信这座城市能够转型成功，不看好它的前景"，占选择"不留下"总人数的13.5%（见图5-2）。

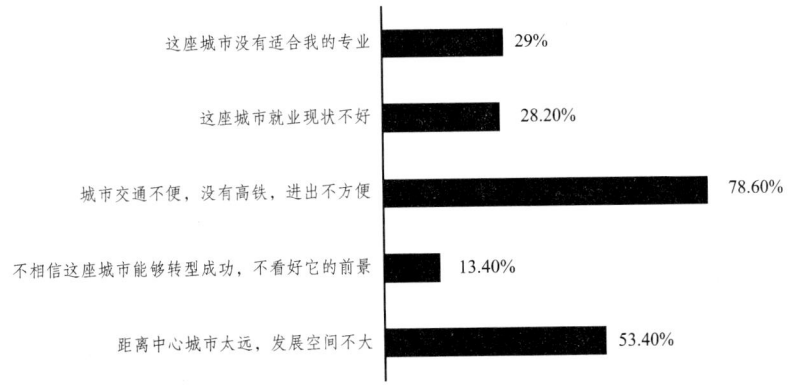

图5-2 攀枝花学院学生不愿留在攀枝花市就业的原因

从对攀枝花学院学生就业意向问卷的结果看，在参与问卷的331名学生中，有71.9%的学生选择"将来不会留在攀枝花市就业"；而在问及"不选择留下的原因"时，其中53.4%的学生选择了"距离中心城市太远，发展空间不大"。这一结果从侧面证实了访谈中"攀枝花市的区位劣势已经严重阻碍了攀枝花市经济社会的发展，成为制约城市转型发展的关键因素"这一内容。

总之，以往文献中关于三线资源型城市的布局特点、个人深度访谈内容以及问卷调查结果，都证实了三线建设时期遵循"靠山、分散、隐蔽"原则的城市选址结果,给当今的攀枝花市和曾经的六盘水市这类三线资源型城市造成的城市区位劣势,已经成为困扰攀枝花市和曾经的六盘水市转型发展的主要因素之一。

二、制度困境造成的城市经营劣势

前面关于三线资源型城市的布局特点的文献中指出,中国在1964年前后曾面临来自东南西北四个方向的战争威胁,三线建设是为了防御随时可能到来的战争而开启的。[①]换言之,被上升到国防战略层面的三线建设承担起了国防安全的重大重任,在此前提下,带着浓重国防军事色彩的三线企业出于保密等多方面考虑,在企业制度设定上,清一色的国有企业的公有制运营模式成为首选。[②]

这些作为三线企业的国有企业身上集中了历史与现实的尖锐矛盾,当年作为国家行为的"靠山、分散、隐蔽"使众多三线企业先天远离市场,生产与市场并不接轨的军用产品。[③]在国有企业中,无论是企业的所有权、经营权,还是企业生产的产品都归国家所有,企业无须关心市场的问题,只要能够定期定量完成国家的指令性计划即可。三线企业的建设便承载了国防安全的角色,企业所有的物力和人力资源全部在国家计划的统一控制之下,企业生产的产品接受国家统一的调配[④],而作为三线建设重点项目的攀枝花钢铁公司,更是受到中央

[①] 陈东林. 三线建设——备战时期的西部开发[M]. 北京:中共中央党校出版社,2003.
[②] 徐有威,陈熙. 三线建设对中国工业经济及城市化的影响[J]. 当代中国史研究,2015,22(4):81-92.
[③] 陈东林. 三线建设——备战时期的西部开发[M]. 北京:中共中央党校出版社,2003:394.
[④] 徐有威,陈熙. 三线建设对中国工业经济及城市化的影响[J]. 当代中国史研究,2015,22(4):81-92.

冶金部的直接领导[①]。

事实上，国有企业制度形式的设定，从一开始就为后来企业的转型困境埋下了伏笔。在高度集中、高度集权的计划经济体制下，用行政性手段调配资源，毫不考虑投入和产出的关系，使其脱离市场的客观规律，得不到优化配置，致使投资效益差。[②]与民营企业、三资企业及东部新兴国有企业相比，国家优惠政策远不能改变它的劣势，负债过多，难以形成扩大再生产的良性循环。[③]三线建设时期，都是以计划为手段，依靠行政力量对资源进行区域配置，各类企业立项均由政府大包大揽，在投资方式上以政府投资为主。[④]在此模式的管理下，企业存在权责不清、管理层级多、机构臃肿、行政成本高、生产效率低下、技术革新动力小、缺乏竞争活力、劳动力工资收入与付出不成正比等一系列问题。三线企业因突出备战因素，忽视客观经济规律，取消基建审核程序和成本核算，造成产品质量差、投资效益大幅下滑和资源的严重浪费。[⑤]

三线建设正值高度集中的计划经济体制几近僵化时期，是在基础薄弱的落后地区大规模进行，成本必然高于在基础较好的地区开发，三线建设投资的滞后效应难以在建设期内体现出来。[⑥]改革开放后，

[①] 陈东林. 三线建设——备战时期的西部开发[M]. 北京：中共中央党校出版社, 2003.
[②] 杨兵杰. 改革开放前三十年中国开发西部的思想与政策评析[J]. 经济问题探索, 2002（9）：5-11.
[③] 陈东林. 三线建设——备战时期的西部开发[M]. 北京：中共中央党校出版社, 2003：394.
[④] 孙泽学. 当代中国三次西部开发的历史比较[J]. 华中师范大学学报, 2001, 40（3）：32-37.
[⑤] 孙泽学. 当代中国三次西部开发的历史比较[J]. 华中师范大学学报, 2001, 40（3）：32-37.
[⑥] 李曙新. 三线建设的均衡与效益问题辨析[J]. 中国经济史研究, 1999（4）：108-117.

尽管国有企业在一定程度上获得了经营自主权，但原有的企业管理的一系列问题依然存在。这些问题的存在使许多国有企业难以与责权清晰、目标明确、灵活务实、一切以市场为导向的私营企业展开竞争。

在针对攀枝花市的访谈中，攀枝花钢铁公司的3位受访者都谈到了攀枝花钢铁公司几年前经历过的最大的一次困境，其中一位受访者这样描述当时的情况：攀钢最困难的时期在2013—2015年，尤其是2014年，平均生产每吨钢的成本是2200元左右，当时每吨钢材的市场销售价格却仅为1870元左右，这意味着每卖出一吨钢材就要亏损300～400元人民币（a2-1）。在本研究者问到攀枝花钢铁公司当时的内部管理状况时，受访者指出：攀枝花钢铁公司过去管理层太多，管理者和员工接触机会少，彼此关系比较紧张，管理层与执行层之间因为目标不一致，岗位范畴界定不清晰，辅助岗位太多，管理成本高，矛盾也比较多（a3-1）。

在采访中，受访者谈到攀枝花钢铁公司从上到下都意识到了公司在管理制度方面存在严重的问题，正是这些问题使公司陷入困境。于是，为了生存，公司做出决定，主动借鉴一些优秀的私营企业的管理经验，开始了一场从上至下的大规模企业管理模式改革，这一改革在很大程度上改变了原有的僵化落后的传统国有企业的管理模式。受访者在谈到改革后企业的管理状况时指出：三年前的人事改革对生产绩效产生了积极的影响。职工在主观上变得想要多干活，因为与收入直接挂钩，多干活可以增加收入，所以职工的精气神很好（e1-1）。管理层和执行层的矛盾越来越少，因为现在的目标是一致的，岗位范畴界定更加清晰，多劳多得……现在界定清楚了，各个岗位的职责十分清晰，辅助岗位也减少了，管理变得更加经济化，因此矛盾也越来越少了（e1-2）。

从这段采访内容看，企业开展管理模式改革前后呈现出的企业面貌存在巨大差异，两者形成了鲜明的对比。这一对比说明原有的国有企业的管理模式不能适应身处市场经济时代的三线企业的发展。

与此同时，在攀枝花市城市层面的管理方面，一位受访者指出：攀枝花市为了鼓励钒钛产业和阳光康养产业的发展，专门设立了钒钛产业发展基金和阳光康养产业发展基金，但是由于中间存在许多规定和边界，要获得这些基金的支持，需要经过政府和银行等多重复杂过程，最终导致这两大产业的企业实际上难以获得资金的支持（a4-1）。

这段访谈内容说明，在三线资源型城市的管理中依然存在行政程序烦琐、效率低下的问题，许多时候人们已经清楚城市转型的方向以及转型过程中存在的问题，并在政策上做了一些积极的规划与安排，然而由于管理过程中存在的问题，这些政策难以落实到位。

与攀枝花市相似，本研究者从对六盘水市展开的访谈中了解到：六盘水市受传统的计划经济模式的影响还比较大，管理模式陈旧，还属于传统的计划体制管理模式（b3-1），企业效率低，普通职工的工资比较低（b2-1），管理方面存在较大的改进空间，目前六盘水市的城市转型发展情况不太理想（b3-2）。

上述访谈内容说明，六盘水市同样受到了传统计划经济管理模式的困扰，这一困扰在很大程度上成为六盘水市城市转型发展的巨大障碍。

无论是以往文献，还是深度访谈的内容，都证明了机构臃肿、权责模糊、效率低下的传统的三线城市和三线企业的管理模式是导致以攀枝花市和六盘水市为代表的三线资源型城市转型发展陷入困境的重要因素。

第六章

三线资源型城市转型的
基本对策

在采访的过程中,笔者收集到大量关于攀枝花市和六盘水市城市转型对策的内容,并对这些内容做了初步的分类(见表6-1和表6-2)。在对这些对策进行进一步总结分析的基础上,结合三线资源型城市的基本特点,产业转型对策的相关文献,中国传统哲学中可能在城市转型中发挥作用的文献,以及在一些城市转型中取得成功的案例经验,提出了重新调整"城市空间战略定位"和"城市经营战略定位"两大对策。其中,调整"城市空间战略定位"的对策包括积极开展城市内部空间优化(即推动服务业化、产业链升级、产业集群和产业融合等)和努力推进外部空间规划(即通过修建高铁和高速公路等交通设施改善交通运输条件,打造"成攀昆文化经济带");调整"城市经营战略定位"的对策包括推行"走出去,引进来"的整体经营战略和"刚柔相济、内外相合、动静相应"的具体经营战略。

一、对"城市空间战略定位"的重新布局

(一)积极开展城市内部空间优化

空间优化是资源型城市可持续发展的重要方面,而资源型城市可持续发展的战略转型必然要求城市空间的重组。[1]郑伯红认为资源型城市转型应实施再城市化战略,调整城市发展规划,改变城市生命周期,转变城市职能。[2]沈镭、万会指出在资源型城市转型的过程中,应当实施特殊的区域开发政策,促进资源型城市与区域之间融合互补发展,加快资源型城市的城乡二元经济结构转换。[3]由于城市

---

[1] 杨振超. 国内外资源型城市转型理论研究述评[J]. 上海经济研究, 2010 (6): 67-73.

[2] 郑伯红, 廖荣华. 资源型城市可持续发展能力的演变与调控[J]. 中国人口·资源与环境, 2003, 13 (2): 92-95.

[3] 沈镭, 万会. 试论资源型城市的再城市化与转型[J]. 资源·产业, 2003(6): 116-119.

经济结构的转型主要趋向加工型产业和第三产业，因此人口、资金等生产要素在地域上必然呈现聚集的趋势，产业多元化必然带来资源型城市地域增长极的发展，资源型城市空间发展也将趋向相对聚集的发展模式，依托多城镇组团的空间结构形式，构成多中心、紧凑型的城市空间结构是其中最重要的模式。①资源型城市内部的用地组织也将由计划经济色彩的单位式用地结构向市场经济规律为主导转变。城市黄金地段的用地置换，城市生态环境优化，城市基础设施的配套完善，新产业空间的建设是城市建设用地重组的重点。②因此，针对攀枝花市和六盘水市城市转型问题，笔者结合当今时代非常盛行的服务业化、产业链延伸、产业集群和产业集聚这四大产业转型理论，在讨论城市内部空间优化对策方面，也分别从这四个方面展开。

表 6-1 攀枝花市转型的困境对策访谈要点记录

城市转型对策类别	访谈记录内容
攀钢未来的发展方面	"攀钢除了实体生产外，还努力在服务业和金融业有所探索。例如攀钢打造了一个叫作'西部物联'的平台，已经成为中国西南地区最大的物联平台，它包括线上服务和线下服务。另外，攀钢也在金融上做了创新，我们也有自己的P2P平台，我们的P2P平台非常可靠和负责任。攀钢打算构建一个以金融为中心，产品+产业链的新型模式。另外，攀钢在环保方面也做了大量的投资，每年大约投入8亿~10亿人民币用于城市的环保建设。"（c1-1） "攀钢还在成都展开了物流和金融方面的业务，并希望打造好这一片平台，争取在短时间内上市。"（c1-2）

---

① 李荣，王兴平. 煤矿城市安徽淮南的空间发展战略思考[J]. 规划师，2005，21（10）：96-98.
陈忠祥. 资源衰退型城市产业结构调整及空间结构优化研究——以宁夏石嘴山市为例[J]. 经济地理，2006，26（1）：46-49.
② 赵景海，俞滨洋. 资源型城市空间可持续发展战略初探——兼论大庆市城市空间重组[J]. 城市规划，1999，23（8）：56-57.

续表

城市转型对策类别	访谈记录内容
攀钢产品优化和精加工方面	"未来五年，攀钢决策层不打算扩大钢铁的生产规模，而是打算着眼于产品的精加工。"（c2-1） "我认为未来五年总产量不变的情况下，不断提高产品质量，开展产品优化和产品深加工，不断增加产品的附加值，应该是攀钢产品未来的发展方向。"（c2-2）
在发展钒钛产业方面	"目前整个城市的布局和规划正在发生比较大的变化，市委和市政府提出攀枝花市未来发展的'两篇文章'，即'钒钛'和'阳光'。攀枝花市的工业主要是钒钛和钢铁，其中钒钛是我们的一大特色，因为攀枝花市的钒钛储量在全国排在前三，在世界上也排在前几位，我们有这方面的资源禀赋。同时我们也对此有政策方面的导向，攀枝花市还专门设立了钒钛发展基金，这个基金主要是对从事钒钛行业的新兴企业进行投资，在产品研发、技术引进、人才引进方面重点奖励那些在国际上和国内领先的卓越贡献企业和个人。"（c3-1） "目前钒钛产业人才总体状况是全国人才比较分散，没有被集中起来，加以整合形成一种力量，这不仅是攀枝花市的问题，也是全国的问题。现在每一个单位都有一点人才，但数量都有限，各自站在自己单位的角度，按照自己单位的需求去做事。目前急需从国家层面建立起一个平台对现有技术人才资源加以整合，建议把这个平台放在攀枝花市，至少要设立省级层次的机构进行统筹，如果不这样，就无法改变目前各自为政的现状。"（c3-2） "攀钢具备资源优势，主要是钒与钛的储量丰富，是其他资源型城市不具备的，目前关键是在钛研究上要做出技术方面的突破。目前我们已经有能力生产钛产品，但是成本太高，还需要做技术突破。"（c3-3）
阳光康养产业方面	"因为攀枝花提出要创建'中国阳光康养产业示范区'，所以现在市政府提出了'康养5个+'的规划，也就是'康养+农业''康养+工业''康养+旅游业''康养+医疗''康养+运动'。实际上就是把康养与城市现有的一些产业整合起来。"为此，应该"第一，改善交通。一方面尽快开通成都和昆明通往这里的高铁，另一方面改善市内交通，改善所有通往各大景区的高级公路现状。第二，打造几个能够让老年人留下来的景点。这些

续表

城市转型对策类别	访谈记录内容
阳光康养产业方面	项目应该包括大黑山的开发，二滩湖面的利用，特色农业的观光，等等。第三，可以请一些高水平的康养老人搞一些讲座，增加攀枝花市城市的魅力。总之'留住客人'才是攀枝花阳光康养产业的长久发展之道"。（c4-1）
	"我个人认为阳光康养不仅仅是身体的康养，还应包括心理的康养，除了给予老人物质的支持，还应该给予老人心理上的支持……我认为应该把这一方面作为一个重要的内容加以研究，研究成熟后，可以放到机构中和企业中具体实施，作为一种模式加以推广。"（c4-2）
	"中国已经进入老龄化阶段，中国北方很多地方并不适合老年人过冬，攀枝花的气候条件正好能够满足老年人冬季到这里过冬的需求，因此攀枝花阳光康养产业在未来是拥有较大发展潜力的……建议打造几个能够让老年人留下来的景点。这些项目应该包括大黑山的开发，二滩湖面的利用，特色农业的观光，等等。第三，可以请一些高水平的康养老人搞一些讲座，增加攀枝花市城市的魅力。总之'留住客人'才是攀枝花阳光康养产业的长久发展之道。"（c4-3）
	"在传统的认识中，攀枝花是一个偏远的、自然条件不好的、落后的城市，所以认为攀枝花市不适合发展传统意义上的旅游业。但实际上，我们如果打开思路，就会发现攀枝花市有许多得天独厚的条件发展康养旅游业……从长远看，发展阳光康养产业需要把旅游当作一个核心内容来发展，也就是人来了，住下来后，要有地方玩，吃的也要有特色……攀枝花市地处藏彝文化腹地、金沙江流域，这里少数民族的数量并不少，如彝族、苗族、傈僳族，等等。他们拥有众多的自然人文景观和独特的村落，属于多元文化共存的情况……攀枝花市是一座重要的工业城市，恰恰可以发展'大工业探奇'的旅游项目，如象牙微雕工程就是在2.5平方千米的地方建设起了一个钢铁厂，简直很难想象，它是依山而建的现代化钢铁城市，它是超越很多人生活经验的，这些完全可以拿出来当作旅游项目……攀枝花被称为'桥梁的博物馆'，共有几百座桥梁，其中可以叫出名字的比较出名的就有十几座……还有一个'五桥并立'的奇观，

社区。在商务会展方面，提升商务服务能力，培育壮大会计审计、安全环保、法律服务、广告策划等商务服务业，创新安全生产服务，建设攀西安全产业园。加快会展基础设施建设，推进攀西科技城国际会展中心、红格温泉会议中心项目建设。打造攀枝花会展品牌，围绕钒钛、阳光两大优势资源，在做好中国康养产业发展论坛、钒钛博览会的基础上，积极争取开办智能制造、医疗美容、治未病等特色商务会展。培育会展企业，引进国内外著名会展企业设立会展机构，培育一批具备较强竞争力的会展领军企业。①

在采访过程中，一位受访者提出了一些关于发展攀枝花市阳光康养业和旅游业的建议，包括结合中国已经进入老龄化阶段这一大背景，充分利用攀枝花市冬季温暖干爽的气候优势，吸引全国各地的老年人到攀枝花市过冬，从而充分挖掘出攀枝花阳光康养产业的发展潜力。其中具体的建议包括积极开发大黑山旅游，充分利用二滩湖面旅游，开展特色农业的观光旅游等；同时邀请一些高水平的康养老人搞一些讲座，增加攀枝花市城市的魅力（c4-3）。另一位受访者认为应该充分利用攀枝花市的"六度禀赋"（即海拔高度、温度、湿度、空气洁净度、优产度、人际和谐度）的特点，充分开发阳光康养旅游业，同时积极开展藏族和彝族等少数民族文化旅游、"大工业探奇"旅游、休闲观光农业旅游、城市特色奇观旅游（如攀枝花市因拥有上百座大桥而被誉为"桥梁博物馆"）等项目（c4-4）。

以上这些建议从提升阳光康养产业和旅游服务业的角度入手，在介绍攀枝花发展阳光康养产业和城市旅游业巨大潜力的同时，也揭示

---

① 攀枝花市人民政府办公室（2021）．攀枝花市国民经济和社会发展第十四个五年规划和二〇三五年远景目标纲要[EB/OL]．2021-04-15 [2021-04-15]．http://www.panzhihua.gov.cn/．

了发展阳光康养产业和旅游服务业这类加强城市服务业化的措施对城市未来转型的重大意义。

此外，根据 2018 年度攀枝花市哲学社会科学研究课题"攀枝花市候鸟老人的来源和养老服务需要与康养业发展的调查研究"对攀枝花市阳光康养产业的调研结果，攀枝花市阳光康养产业的现状是：前往攀枝花市过冬的"候鸟老人"由 2013 年的 3 万人次增加到 2017 年的 15 万人次，这一数据呈年年上升趋势。2012—2017 年，攀枝花市接待游客总量从 852.57 万人增加至 2317.44 万人，年均增长 22%；旅游总收入从 66.85 亿元增加至 279.31 亿元，年均增长 33%；特别是 2016 年旅游总收入占 GDP 比重达 23.9%，高出全省 0.9 个百分点。攀枝花市的具体接待能力见图 6-1 和图 6-2。

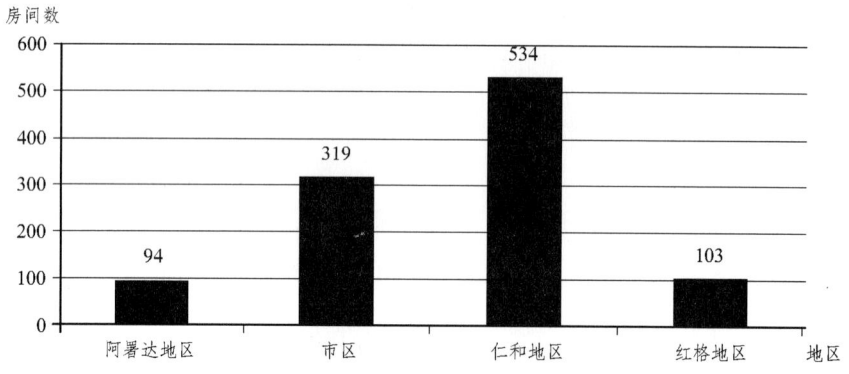

图 6-1　攀枝花市阳光康养机构接待能力

数据来源：2018 年攀枝花市哲学社会科学研究课题"攀枝花市候鸟老人的来源和养老服务需要与康养业发展的调查研究"调研结果

从以上材料可以看出，目前攀枝花市的冬季阳光养老度假产业已经进入迅速发展的阶段，但与巨大的消费需求相比较，攀枝花市目前度假产业接待能力显得相对滞后。结合当代中国日益严重的老龄化趋势，攀枝花市的阳光康养产业在未来拥有较大的发展潜力。在攀枝花市内外的交通状况得到较大改善，度假产业接待能力得到实质性突破的前提下，攀枝花市的阳光康养产业可能具备发展成为城市支柱性产业的可能性。因此，这一课题调研结果从另一个角度证明了推动城市服务业化的策略是必要的和可行的。

与此同时，从对攀枝花学院学生就业意向问卷的结果看，在参与问卷的331名学生中，有93人选择会留下，占总人数的28.1%；在问及"选择留下的原因"时，有86%的人选择了"喜欢这座城市的气候和阳光"（见图6-3）。这些结果证实了访谈中攀枝花市具备较大的发展阳光康养和旅游业的潜力这一内容，也从侧面证明了发展旅游业等"生活产业服务业化"这一城市转型策略是有现实基础的。

与攀枝花市相似，六盘水市政府在发展现代服务业的过程中，也十分重视结合本地区的优势与特色。六盘水市2015年发布的《六盘水市城市总体规划（2014—2030）》中，关于发展城市服务业的对策主要包括四个方面。

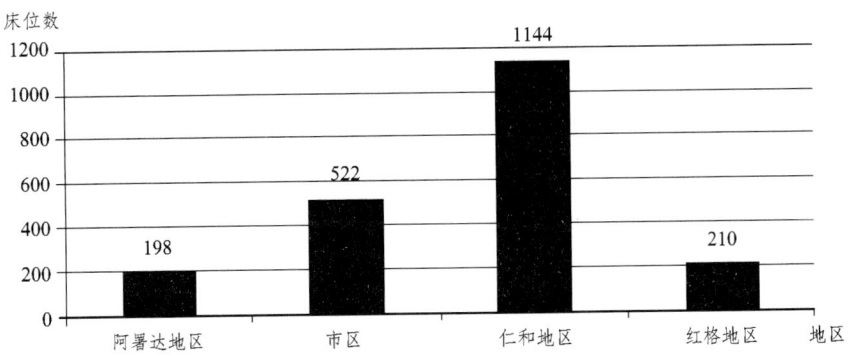

图6-2 攀枝花市阳光康养机构接待能力

数据来源：2018年攀枝花市哲学社会科学研究课题"攀枝花市候鸟老人的来源和养老服务需要与康养业发展的调查研究"调研结果

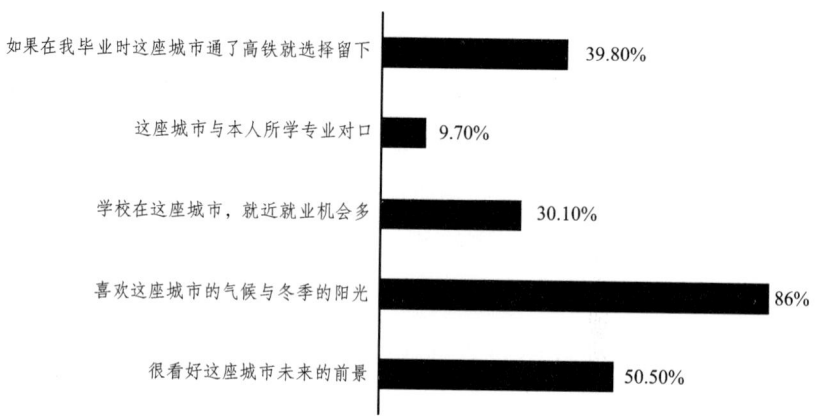

图 6-3　攀枝花学院学生选择留在攀枝花市就业的原因

充分利用六盘水气候、文化及多梯度海拔等资源优势，大力发展以文化、体育、旅游、物流等相关产业为重点的现代服务业，以市场化、产业化、社会化为方向，改造提升传统服务业，建设贵州省现代服务业发展重要集聚区。

以转型升级、提质增效为主线，推动旅游产品向观光、休闲、度假并重转变，促进旅游地产业发展，满足多样化、多层次的旅游消费需求；推动旅游开发向集约型转变，更加注重资源能源节约、生态环境保护及文化传承创新；推动旅游服务向优质服务转变，实现标准化和个性化服务的有机统一，将六盘水建设成为国际标准旅游休闲度假城市。

壮大发展教育培训业，重点推进高级管理人才、旅游人才、煤炭科技人才等专业人才培训及农民职业培训。

以立足高端、辐射西南为导向，将六盘水打造为西南地区重要中高端消费目的地、交通枢纽和物流中心。推进物流产业的社会化、专业化、规模化、信息化，积极发展第三方物流，推动制造业和物流业联动发展。①

比较攀枝花市与六盘水市在服务业方面的具体异同，两座城市的相似之处在于强调利用自身的气候优势（攀枝花市的冬季阳光旅游和六盘水市的夏季"凉都"旅游），十分注重开发城市的文化特色旅游；不同之处在于六盘水市更强调对服务业人才的培训问题，同时也强调要充分利用其近五年来正在形成的"西南交通枢纽"的交通优势地位推动旅游服务业的发展。

在对六盘水市的访谈过程中，受访者指出六盘水市的服务业目前发展的后劲和潜力还有待挖掘，主要的经济增长和来源还比较单一，如服务业、高新材料、新科技、新技术等方面，政府做了一些工作，虽然暂时收效不大，但仍在坚持（b10-1）。这说明，六盘水市政府已经意识到发展现代服务业对于提升六盘水市发展后劲，充分挖掘六盘水市的发展潜力，推动城市从单一向多元转型发展意义重大，并已开始着手这一方面的工作了。

总之，从对攀枝花市和六盘水市的访谈以及两地政府发布的官方文件中，不难发现城市服务业已经成为推动城市成功转型发展的一种对策，受到两地政府的高度重视。

2．产业链升级

对攀枝花市而言，开展产业链升级就是要改造提升传统优势产业，即提升攀枝花市工业园区基础设施质量，优化产业空间布局，理顺园区发展机制，完善"管委会+公司"开发模式，以攀枝花钒钛高新技术产业开发区、攀枝花东区高新技术产业园区、攀枝花格里坪特色产业园区、攀枝花仁和区南山循环经济发展区、四川米易白马工业

---

① 中国城市设计规划研究院（2015）. 六盘水市城市总体规划（2014—2030）[EB/OL]. 2015-07-29 [2015-08-13]. http://www.gzlps.gov.cn/.

园区、盐边钒钛产业开发区等六大园区为核心载体，着力打造产业特色明显、产业链条完善、产业分工合理、产业技术先进、产业质量优良的现代新型工业，培育千亿级园区和特色产业园区，实现园区发展能级提升，竞争优势提高，整体实力提振。到 2025 年，全市现代工业产业体系基本形成、高新技术产业引领作用明显，建成区面积超过 100 平方千米，建成年销售收入超 50 亿的产业园区 4 个、超 100 亿元的产业园区 2 个，工业园区实现总产值 2200 亿元。①

在访谈过程中，关于产业链升级的问题，受访者指出，在未来五年，攀枝花钢铁公司决策层不打算扩大钢铁的生产规模，而是打算着眼于产品的精加工。未来五年总产量不变的情况下，不断提高产品质量，开展产品优化和产品深加工，不断增加产品的附加值（c2-1）。可见，推动产业链升级这一城市转型策略已成为共识，成为攀枝花市城市转型发展的重要方向。

与攀枝花市类似，六盘水市政府在城市转型发展的过程中也十分重视产业链升级问题。《六盘水市城市总体规划（2014—2030）》中指出：六盘水市要充分发挥基础优势，壮大产业集群，在提升原煤产量、洗煤转换效率的同时，积极延伸煤焦化产业链条，推动煤气化项目示范，适时发展煤液化产业，将煤炭产业发展成为全市经济规模扩大的关键支撑，将六盘水打造为西南煤炭经济强市；以规模支撑、精品发展为导向，积极发展优质精品棒材、精品线材、特优钢及铝精深加工，将六盘水打造为西部重要的钢铁基地及西南地区具有一定影响力的铝精深加工基地；以资源循环利用、废物高效回收、产品清洁生产为导向，打造在西南地区具有较大影响力的建材生产基地，将建材产业发

---

① 攀枝花市人民政府办公室（2021）.攀枝花市国民经济和社会发展第十四个五年规划和二〇三五年远景目标纲要[EB/OL]. 2021-04-15 [2021-04-15]. http://www.panzhihua.gov.cn/.

展成为六盘水生态循环、可持续发展的优势产业和新的经济增长点；充分利用六盘水丰富的煤层气、页岩气、水能、风能、生物质能等资源优势，坚持自主创新和引进消化吸收相结合，大力发展清洁、高效、安全、可持续的新能源产业，推进六盘水从"西南煤都"到"西南绿色新能源基地"转变；以服务本地、多元并进为导向，将六盘水打造成为西部地区重要的矿山装备制造业基地，使装备制造产业成为全市经济持续发展的重要支撑。①

在对六盘水市的访谈过程中，受访者指出：六盘水市产业比较单一，但随着基础环境的改变，政府也有意识地引导，产业单一这块短板很快就会被打破。目前六盘水做的主要是在某一产业展开工作，如高新产业、新材料产业链条的建立，传统产业链条的补链与延伸工作，以及固有产业的强链工作（f1-1）。这说明，产业链升级问题已经得到六盘水市政府的重视，并已经开始着手这方面的工作。

比较攀枝花市与六盘水市，笔者发现，面对城市产业转型的问题，两市政府都充分意识到产业链升级对于城市转型发展的意义，同时也意识到政府在推动产业链转型方面应该承担的领导者的角色。

3．产业集群化

对攀枝花市而言，产业集群化就是要提升产业聚集水平，即围绕培育壮大"攀钢航母舰队"，着力发展多集群企业生态和产业生态。重点支持攀钢持续壮大钒钛钢铁产业基础，抢占创新链和价值链高端，打造具有国际竞争力的千亿级先进金属材料企业。支持攀钢与产业链紧密关联企业、国有平台等开展混合所有制改革，深化以资本为纽带的战略合作。引导行业领先企业、地方重点企业积极参与资源开发和

---

① 中国城市设计规划研究院（2015）．六盘水市城市总体规划（2014—2030）[EB/OL]．2015-07-29 [2015-08-13]．http://www.gzlps.gov.cn/．

综合利用，促进优势产业链向深度和广度延伸，围绕先进材料、新能源、高端装备、数字经济、现代物流等领域壮大新兴产业，形成多个企业集群竞相发展的良好产业生态。加快实施中小企业培育工程，加大对现有企业的优化整合，壮大中小企业集群。积极推进军民融合产业集聚集群发展。"十四五"期间，力争培育年销售收入达到100亿元企业3家、50亿元以上企业5家。①

在访谈过程中，关于产业集群化问题，受访者指出：攀枝花市产业集聚问题事实上早已受到市里的关注，主要包括"六个基地"和"两个中心"的提法，就是要建成钒钛铸造与机械、新能源应用与装备、环保生产与应用、航空材料与产业服务等六大基地，建立电子交易与贸易中心和生产性物流与服务中心这两大中心……目的是通过设立基地和中心提高效率，形成规模竞争力，从而做到提升总体实力（e2-1）。这也在一定程度上证明开展产业整合、建立产业集群的转型策略在攀枝花市城市转型的过程中已经成为一种共识。

与攀枝花市相似，六盘水市政府在推动城市转型与发展的过程中也十分重视产业集群化问题。《六盘水市城市总体规划（2014—2030）》中指出，要在六盘水市境内，根据产业的不同，把相近或相关产业集中在一起，建立起一系列经济开发区，形成规模经济效益和产业竞争优势。具体而言，就是在盘县北部和六枝地区建立起盘北工业园区和六枝经济开发区。其中，六枝经济开发区包括重点发展能源电力、新型煤化工、新材料、新型建材等产业，形成"煤—电—化""煤—电—材"一体化发展格局，建成优势工业突出、产业布局优化、综合服务

---

① 攀枝花市人民政府办公室（2021）.攀枝花市国民经济和社会发展第十四个五年规划和二〇三五年远景目标纲要[EB/OL]. 2021-04-15 [2021-04-15]. http://www.panzhihua.gov.cn/.

功能完善的现代经济开发区,发展成为贵州西部地区面向沿海及东南亚地区的重点产业转移承载地、贵州省新型能源化工循环经济示范基地、贵州省重点新材料生产集群区;盘北经济开发区(盘北工业园区)包括重点发展能源化工、冶金材料、新型建材等基础产业及新型工业,打造"煤—电—钢—化"一体化基地、新材料新工艺循环经济示范基地、能源化工生产集聚区和新型材料生态工业园,建设贵州省新型材料生态工业区及循环经济试点示范基地、西南地区重点能源化工生产集聚区;水城经济开发区(董地工业园区)包括重点发展煤化工、铝及铝加工、装备制造、新型建材、仓储物流等产业,建成全市重要的产业聚集区、循环经济示范区,长江以南重要的铝工业、机械生产、煤化工产业基地。①最终,希望通过对这三个开发区的建设,提升六盘水市产业集聚化水平,从根本上推动六盘水市城市的转型与发展。

比较攀枝花市与六盘水市在城市转型与发展中的问题,发现两座城市的政府都十分看重产业集群化问题,希望通过推动城市的产业集群化最终推动城市产业转型的成功。

4. 产业融合

对攀枝花而言,开展产业融合主要是推进一三产业深度融合。具体而言,可以分成两个方面。首先,从农业方面,加快提升农业发展质量,积极推动高标准农田建设,实施攀枝花区域公共品牌优质农产品生产基地建设行动,推进现代农业示范基地建设,提高农业机械化、信息化、智能化水平。加快完善现代农业服务体系,培育壮大农业龙头企业、行业合作组织、农民合作社、家庭农场等新型农业经营主体,完善农产品质量安全体系,强化全过程农产品质量安全和食品安全监

---

① 中国城市设计规划研究院(2015). 六盘水市城市总体规划(2014—2030)[EB/OL]. 2015-07-29 [2015-08-13]. http://www.gzlps.gov.cn/.

管。加强区域公用品牌、农产品地理标志产品保护和利用，推进区域品牌+企业品牌"双品牌"战略，进一步提升和扩大已纳入省级以上知名农业品牌目录的攀枝花芒果、枇杷等品牌的影响力和知名度。围绕主导产业，建设特色蔬菜、水果、生猪、牛羊等区域性良种繁育基地，就近建设与产业基地规模相适应的农产品产地初加工设施，大力推进农产品精深加工园区建设。推进农业与旅游、健康养老产业融合，加强对农村生态资源的开发，促进会展农业与旅游服务文化节庆活动的互动融合。其次，从文旅交通方面，完善文旅交通设施网络，构建"快进慢游"交通网络，支持喜来登、希尔顿、洲际、香格里拉、皇冠假日等国际知名品牌度假酒店入驻，增强文旅融合接待能力。支持米易、仁和、盐边等创建天府旅游名县。推进文旅融合发展示范园区建设，支持各县（区）和"两城"开发集文化创意、度假休闲、康体养生等主题为一体的文旅综合体，重点建设"三线文化"和苴却砚文化等一批特色鲜明、主导产业突出、示范效应显著的文旅融合产业示范园区。培育发展文旅特色小镇，重点以"三线文化"、康养文化等特色文化以及独特的康养气候资源为依托，完善基础服务设施，加强对外宣传推介，力争打造10个以上主题鲜明、功能完善、宜居宜游宜业的文旅特色小镇。推动"苴却砚雕刻技艺""油底肉制作技艺""国胜茶制作技艺""傈僳族刺绣技艺""周府糕点制作技艺"等非遗传统技艺与市场接轨，促进迤沙拉谈经古乐、笮山锅庄、傈僳族约德节等优秀传统文化创造性转化、创新性发展。①

在采访过程中，关于产业融合的问题，受访者指出：攀枝花市提

---

① 攀枝花市人民政府办公室（2021）.攀枝花市国民经济和社会发展第十四个五年规划和二〇三五年远景目标纲要[EB/OL]. 2021-04-15 [2021-04-15]. http://www.panzhihua.gov.cn/.

出要创建"中国阳光康养产业示范区",也就是"康养+农业""康养+工业""康养+旅游业""康养+医疗""康养+运动"。实际上就是把康养与城市现有的一些产业结合起来,比如"康养+农业"就是把特色农业与康养结合起来,打造特色农业的品牌;又如"康养+工业"就是引导钢铁、钒钛、机械制造向康养方向延伸,制造出高品质的钒钛材料的医疗器材等;再如"康养+运动",攀枝花市的海拔条件很适合一些特殊的运动,如目前在攀枝花市正在举行的一些户外马拉松、自行车比赛,这些都已经引入了国际赛事(c4-1)。这一访谈内容显示推动"产业间融合"的城市转型策略已成为攀枝花市城市转型的普遍共识,是攀枝花市城市转型发展的大势所趋。

总之,把以往关于城市转型文献中所提到的几大成功经验和对策——"服务业化""产业链延伸""产业集群"和"产业融合"[①]与攀枝花市城市转型发展实践结合在一起构成的"内部空间优化"策略,在笔者开展的个人访谈中得到了认可;同时,攀枝花市社会科学研究课题的结题报告和问卷调查,都在一定程度上从侧面证明了开展"内部空间优化"城市转型策略的可行性。

与攀枝花市类似,在推动城市转型发展的过程中,六盘水市也十分重视提高城市产业融合水平问题。《六盘水市城市总体规划(2014—2030)》中指出:为了推动六盘水市城市的产业融合水平,首先就要划定好几个重点的产业园区,并根据产业园区主题的不同,把相关的各类产业带入其中,形成具备一定社会优势和竞争力的综合园区。具体包括:建设钟山经济开发区(红桥新区),以"强化产业聚集、拓展城市功能"为导向,以装备制造、高新技术、食品加工、生物医药、

---

① 左学金,王红霞. 世界城市空间转型与产业转型比较研究[M]. 北京:社会科学文献出版社,2017:8-13.

大型商贸物流、现代服务等产业为重点，加速工业化和信息化发展，打造六盘水市新型产业园区和现代化城市新区；建设红果经济开发区（两河新区），按照"产城一体、产城联动、产城互动"的发展思路，以矿山装备制造、节能环保、电子信息、生物医药、新材料及现代农业为发展重点，建设"西部山地产业新城跨越发展示范区"；建设水月产业园区，对水钢按照近期过渡、远期逐步搬迁的思路落实规划愿景，近期依托水钢发展优势产业，促进水钢升级改造，将污染型产业逐步外迁，远期大力发展高新技术等新兴产业，重点发展以商务商贸、会议会展、旅游接待、文化创意为主的现代服务业及绿色食品加工、旅游商品开发等特色轻工业。①在以上几个园区内，通过多产业的融合发展，提升该地区产业的综合实力，形成区域品牌效益，从而推动六盘水市城市的转型发展。

综上所述，无论是攀枝花市政府还是六盘水市政府都意识到了实现城市产业融合对于推动城市转型发展的重要性，并开始着手逐渐落实城市产业融合问题。

（二）努力推进外部空间规划

在"时空"为主导的世界里，有时候可以利用"时间"概念扭转"空间"的劣势。那么，如何实现这一扭转呢？这里需要引入"速度"这一概念，即用"高速度"弥补"空间距离大"带来的"区位劣势"。从国际上一些成功实现城市转型的案例中，不难发现众多城市的发展在很大程度上依靠交通等基础设施的完善和网络化。网络化的基础设施将促进区域之间、城市之间的协同与合作，促进产业上下游的调整

---

① 中国城市设计规划研究院（2015）. 六盘水市城市总体规划（2014—2030）[EB/OL]. 2015-07-29 [2015-08-13]. http://www.gzlps.gov.cn/

和各种要素的自由流通。①发达、网络化的交通等基础设施，可以促进各区域人口流动和都市产业布局调整。同时，便捷的交通和发达的信息网络，也能促进企业的总部向中心城区集聚。②沿着这一思路展开思考，三线资源型城市布局困境带来的区位劣势便可以在较大程度上得到缓解。

交通运输是联系生产和消费的纽带，是国民经济的"先行官"和基础设施部门，交通不发达是制约西部地区发展的重要因素。③因此，正如孙泽学曾提到过的关于"西部交通网络"对三线资源型城市发展曾起到的关键性作用一样④，要摆脱三线城市的区位劣势，改善交通问题必将再次成为突破城市布局困境、推动城市转型发展的关键性问题。

根据《攀枝花市志》和2018年《攀枝花市年鉴——交通》，目前攀枝花市的交通状况如下。

（1）铁路方面。成昆铁路（攀枝花市目前唯一的铁路线）纵贯市区东部，区间里程（湾丘站至金江站再至师庄站）137.73千米，是对外交通的动脉。与成昆铁路接轨的渡口支线横贯市区东西，全长37.6千米。除此之外，全市还有工矿专用线187.84千米。攀枝花境内从成昆铁路正线牵出的专用线有：金江站6718油库专用线2道，720米；金江站至大沙坝储木场专用线1道，813米；米易站至石油公司专用

---

① 左学金，王红霞. 世界城市空间转型与产业转型比较研究[M]. 北京：社会科学文献出版社，2017：263.
② 左学金，王红霞. 世界城市空间转型与产业转型比较研究[M]. 北京：社会科学文献出版社，2017：264.
③ 孙泽学. 当代中国三次西部开发的历史比较[J]. 华中师范大学学报，2001，40（3）：32-37.
④ 孙泽学. 当代中国三次西部开发的历史比较[J]. 华中师范大学学报，2001，40（3）：32-37.

线 1 道,360 米;湾丘站至冶金矿山公司专用线 3 道,1467 米。①2017年,攀枝花境内发送旅客 1646 万人,其中直通旅客 298 万人,管内旅客 1348 万人,到达旅客 16 510 万人,完成客运收入 208 亿元。货物发送量为 3167 万车,19 136 万吨;货物到达量为 1763 万车,10 351 万吨。暑运期间攀枝花境内发送旅客 301 万人,其中直通旅客 59 万人,管内旅客 242 万人,到达旅客 296 万人,完成客运收入 380 828 万元。②

(2)公路方面。高速公路已建设 3 条 195 千米、在建 2 条 716 千米、启动工可编制 2 条 118 千米,高速公路主骨架逐步形成,为全市社会经济发展提供有力支撑。2017 年全年新改建农村公路 3271 千米。③

根据《攀枝花市 2020 年国民经济和社会发展统计公报》,2020 年攀枝花市境内铁路营运里程 181.6 千米;境内火车站个数 18 个;全年完成铁路客运量 82 万人次,铁路货运量 2316.87 万吨。水路旅客周转量 1409.45 万人千米,水路货运周转量 1972.23 万吨千米。2020 年攀枝花市全市等级公路 4321.93 千米,高速公路 233 千米。全年完成公路旅客运输量 1320 万人次,客运周转量 52 091 万人千米,货物运输量 8133 万吨,货物周转量 537 835 万吨千米。全市机动车保有量 31.05 万辆,其中,汽车 21.44 万辆,私人汽车 19.13 万辆;摩托车 9.43 万辆;营运车辆 1.14 万辆,出租汽车 1570 辆。④

---

① 攀枝花市政府办公厅(2018).攀枝花市志(铁路篇)[EB/OL]. http://www.panzhihua.gov.cn/zjpzh/pzhsz/dbpjt/505192.shtml#kv.
② 攀枝花市政府办公厅(2018).攀枝花市志(铁路篇)[EB/OL]. http://www.panzhihua. gov.cn/zjpzh/pzhsz/dbpjt/505192.shtml#kv.
③ 攀枝花市政府办公厅(2018).攀枝花市年鉴—交通(2018)[EB/OL]. http://www.panzhihua.gov.cn/zjpzh/pzhnj/2018nj/1116419.shtml#kv.
④ 攀枝花市统计局.2020 年国民经济和社会发展统计公报[EB/OL]. 2021-06-08 [2021-06-08]. http://tjj.panzhihua.gov.cn.

访谈中，一位来自攀枝花市的受访者指出：缺乏高铁限制了攀枝花的发展。外面的人来这里谈项目时，也要看交通的发达水平，攀枝花的人员进出不方便，货物的进出也不方便（a1-2）。另一位来自攀枝花市的受访者指出关于攀枝花市阳光康养产业发展所面临的困境，第一个就是交通不便。目前攀枝花市没有高铁，只有火车和高速公路，虽然有飞机，也只有一个中型机场，乘坐飞机出入十分不便……从北京到攀枝花要乘坐近 50 个小时的火车。第二个困境就是内部基础设施滞后。目前攀枝花市市区的交通还是比较方便的，但是市区之外就十分不理想了，很多地方都是许多年前修的旧公路，路况很差。凡是能够让老年人流连忘返的景点交通状况大多不理想（a7-1）。这些访谈内容比较具体地描述了攀枝花市现实中的交通状况，陈述了落后的交通现状给攀枝花市城市转型发展带来的困扰。

与正陷入交通困境中的攀枝花市相反，六盘水市尽管与攀枝花市一样，同样是根据"靠山、分散、隐蔽"选址原则开启的三线建设历史，同处于中国西南地区，同属于远离中心城市的三线资源型城市，也曾因为交通落后而陷入贫困[①]，却因为近几年政府在这一区域交通运输方面的巨额投入，交通状况发生了根本性改变。

根据六盘水市交通运输局于 2021 年 3 月 19 日发布的六盘水市交通概况，在国家"一带一路"建设和长江经济带规划中，六盘水是 66 个区域流通节点城市和 196 个公路交通枢纽城市之一，具有得天独厚的区域交通优势。

（1）公路方面。六盘水市已经形成"三横一纵一环线"的高速公路主骨架，对外通道共 7 个，与周边市州全部实现高速公路连接。高

---

① 陈东林. 三线建设——备战时期的西部开发[M]. 北京：中共中央党校出版社，2003：130.

速公路通车里程达 440 千米，国家高速公路有 5 条通过六盘水境，分别为沪昆高速（G60）67 千米（已建成通车），都香高速（G7611）145 千米（已建成通车），杭瑞高速（G56）65 千米（已建成通车），纳兴高速（G7612）60 千米（在建），安盘高速 98 千米（拟建）。省级高速公路有 4 条，分别为水兴高速（S77）152 千米（已建成通车），六赫高速 28 千米（在建），六安高速 20 千米（在建），玉普高速 126 千米（拟建）。地方高速有 1 条，为机场高速 11 千米（已建成通车）。①

（2）铁路方面。自三线建设以来，六盘水市已建成贵昆、南昆、内昆、水红普速铁路，建成水大铁路支线、六盘水南编组站以及沪昆客专、安六城际铁路。沪昆高速铁路于 2016 年 12 月建成投用，安六铁路于 2020 年 7 月 8 日开通运营，六盘水实现"县县通高铁"。截至 2021 年 3 月，全市建成普速铁路 670 千米、高速铁路 172 千米，路网密度为 84.9 千米/万平方千米，是贵州省铁路交通较为发达的地区，是贵州连接广西、云南、四川、重庆等地重要的交通枢纽和物流中心。盘兴铁路全面开工建设，盘州至六盘水经威宁至昭通铁路、毕节至六盘水铁路、纳雍至六盘水普速铁路前期工作有序推进。届时，渝昆客专和沪昆客专、成贵客专和沪昆客专通过六盘水互联互通，形成北上成渝双城经济圈、南下北部湾经济圈、东进黔中经济圈、西出滇中经济圈的高铁"十"字枢纽，六盘水作为贵州西部重要铁路枢纽的地位进一步巩固。②

（3）水路方面。六盘水地处长江、珠江流域分水岭地带，北属长江流域乌江水系，境内以三岔河为干流，展布于市境北部；南属珠江

---

① 六盘水市交通运输局．六盘水市交通局交通概况[EB/OL]．2021-03-19． http://jtj.gzlps.gov.cn/jtgk/．
② 六盘水市交通运输局．六盘水市交通局交通概况[EB/OL]．2021-03-19． http://jtj.gzlps.gov.cn/jtgk/．

水系，以北盘江为干流，由西向东横贯市境中部。水运交通以北盘江、三岔河为主，现有通航里程381.7千米，其中四级航道26.8千米、五级航道12千米、六级航道56.2千米、七级航道130.6千米、等外航道156.1千米。全市拥有船舶及水上浮动设施902艘，2020年度客运量8.24万人次，年客运周转量152.22万人千米。出海通道以北盘江为主，下游连通北盘江龙头寨、红水河，沟通西江干线，是连接内陆与华南地区的重要水运通道。北盘江是西江干流的上游，是西南水运出海的中线通道，属交通部规划的国家高等级航道两横一纵、两网十六线主通道之一。目前六盘水市水域均为水电梯级开发形成封闭库区，未建设过船设施。[①]

（4）航空方面。六盘水月照机场是国家民航局"十一五"规划建设的重点基础设施项目，规模为：飞行区等级指标为4C，新建跑道长2800米×宽45米，可以起降波音和空客各主流机型，可以满足旅客吞吐量25万人次，货邮吞吐量1250吨。批复总概算为14.25亿元。2012年2月27日，机场飞行区土石方工程正式动工，2014年11月28日建成通航。现开通航线11条，分别为：北京、上海、广州、杭州、重庆、成都、海口、西安、长沙、武汉、贵阳。[②]

在对六盘水市的访谈中，在问及六盘水市的交通时，受访者指出：整个贵州省这几年在交通基础方面做得比较好，高铁已经通到了六盘水市的盘县，2019年城际铁路也要通车了，人员进出已经非常便捷（f2-1）。整个贵州省高速公路的密度在全国排名第一。2015年，贵州省是首个在西南实现"县县通高速"目标的省分，高速公路在全国排

---

① 六盘水市交通运输局. 六盘水市交通局交通概况[EB/OL]. 2021-03-19. http://jtj.gzlps.gov.cn/jtgk/.
② 六盘水市交通运输局. 六盘水市交通局交通概况[EB/OL]. 2021-03-19. http://jtj.gzlps.gov.cn/jtgk/.

名非常靠前（f2-2）。总之，公路、铁路、水路、航空四位一体，已逐渐在六盘水市形成了密集的网状结构。

比较攀枝花市与六盘水市在交通状况方面存在的巨大差异，可以看出交通便利度对一座城市转型发展的巨大影响力。

访谈中，一位攀枝花市的受访者指出：目前运输问题是困扰攀枝花钢铁公司产品销售的最大问题，它包括交通不便导致的运费贵和运力不足等问题。由于交通不便，原材料的运入和产品的运出都极大地增加了产品的成本，目前攀钢的运输只能依靠铁路，这对攀钢产品的销售影响极大。现在攀钢生产所需要的煤基本是靠从外地购买，攀钢一年煤的采购量大约1千万吨，导致了销售成本的增加（a1-3）。另一位攀枝花市的受访者还指出：缺乏高铁限制了攀枝花的发展。外面的人来这里谈项目时，也要看交通的发达水平，攀枝花的人员进出不方便，货物的进出也不方便（a1-2）。

从对攀枝花学院学生就业意向问卷的结果看，在参与问卷的331名学生中，有71.9%的学生选择"将来不会留在攀枝花市就业"，而在问及不选择留下的原因时，78.6%的学生选择了"城市交通不便捷，没有高铁，进出不方便"，这成为排在首位的原因（见图5-2）。而在选择留下的93人中，在问及"选择留下的原因"时，有39.80%的人选择了"如果在我毕业时这座城市通了高铁，我就选择留下"（见图6-3）。

以上这些内容表明，"攀枝花市不理想的交通状况已经严重制约了攀枝花市经济社会的发展，成为制约城市转型发展的关键因素"。

与攀枝花市不同，交通运输基础设施的改善给六盘水市的旅游业带来了巨大的影响。几年来，旅游业持续"井喷"（见图6-4），2020年全市旅游人数达到3800.678万人次，实现旅游总收入250.5亿元（六盘水市2020年国民经济和社会发展公报)。

在对六盘水市受访者的访谈中,也包含了一些关于六盘水市的交通运输状况与城市发展状况之间联系的内容。"目前六盘水市的交通情况是不错的,因为好的交通,对城市的旅游业起到了比较大的促进作用。"(f2-3)"到目前为止,便捷的交通带来的吸引力已经显现出来了,尤其是像贵阳这类省会城市,吸引了不少人才和投资。"(f2-4)

从攀枝花市相对滞后的交通与六盘水市发达便捷的交通产生的不同影响中,不难发现一个城市的交通运输因素对推动城市转型发展的巨大影响力。

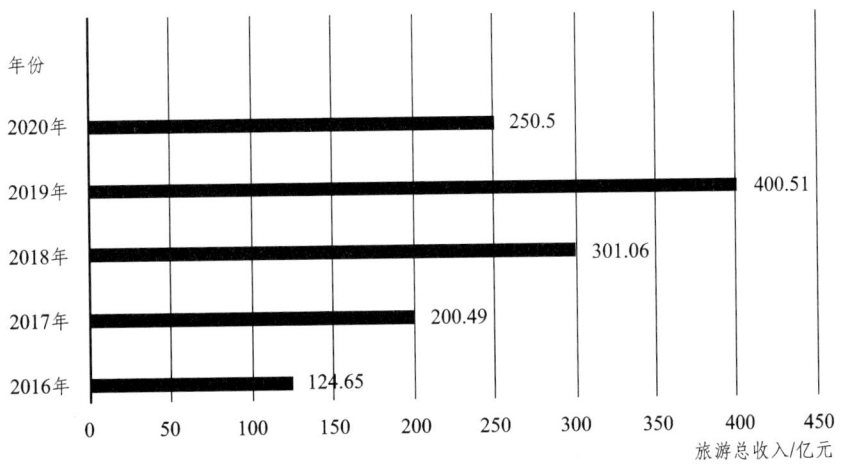

图6-4 2016—2020年六盘水市全年旅游总收入

图片来源:六盘水市2016—2020年国民经济和社会发展统计公报

既然攀枝花市的交通现状已经成为阻碍城市转型的关键性因素,如何才能改变这一状况?结合《攀枝花市国民经济和社会发展第十四个五年规划和二〇三五年远景目标纲要》内容,我们认为只有采取以下措施,才能从根本上摆脱这一布局困境造成的区位劣势。

通过加快公路、铁路、水运、航空、管道等通道建设,从外部接入攀枝花市与其他城市间的交通联系,从内部改善攀枝花市内各区域间的交通"小循环",拓展交通基础设施通达深度,提高交通运输公共服务均等化水平,建设畅通、高效、安全、绿色的综合交通运输体系。争取近期内,南向形成与滇中城市群的"2小时经济圈",北向形成与成都经济区的"3小时经济圈"①,加快建成"成攀昆文化经济带",从而最终突破由布局困境带来的区位劣势。

在对13位攀枝花市专业人士开展的访谈中,有受访者指出:要发展阳光康养产业,第一,改善交通。一方面尽快开通成都和昆明通往这里的高铁,另一方面改善市内交通,改善所有通往各大景区的高级公路的现状。第二,打造几个能够让老年人留下来的景点。这些项目应该包括大黑山的开发,二滩湖面的利用,特色农业的观光,等等。总之,"留住客人"才是攀枝花市阳光康养产业的长久发展之道(c4-1)。这一访谈内容说明,发展便利的交通是攀枝花市城市转型成功的关键性对策已经成为人们的共识。

综合上述内容,根据以往文献中关于交通问题在城市转型中的重要意义,结合与六盘水市比较的结果,参照《攀枝花市国民经济和社会发展第十四个五年规划和二〇三五年远景目标纲要》内容,笔者所提出的关于攀枝花市城市转型发展的对策,在个人深度访谈中得到一定程度的支持,同时在问卷调查中的结果从侧面证明了积极"推进外部空间规划"这一对策是有一定现实基础的。

---

① 攀枝花市人民政府办公室(2021). 攀枝花市国民经济和社会发展第十四个五年规划和二〇三五远景目标纲要[EB/OL]. 2021-04-15 [2020-04-15]. http://www.panzhihua.gov.cn.

二、对"城市经营战略定位"的重新规划

总结以往一系列实现城市转型的成功经验，如巴黎、纽约、新加坡等城市转型的进程中，城市政府的战略规划都发挥了根本性的引领和推动作用[①]，因此，一座城市的战略定位在一定程度上可以决定这座城市未来几十年甚至上百年的发展。无论是美国的锈带复兴模式，德国鲁尔区从矿山到公园的改造模式，还是英国通过城市服务业化再创生机的转型模式，都显示出了"城市经营战略定位"的重要性。[②]以英国伦敦为例，20世纪中后期的英国伦敦在日渐失去世界工业和金融中心地位，并逐渐沦为衰落的象征时，开始做出城市的重新布局与战略定位，最终实现了脱胎换骨，成为世界金融与文化艺术的中心。[③]

长期以来，钢铁工业一直是攀枝花市的支柱性产业，是攀枝花市最引人注目的标志性符号。与此相似，煤炭工业也一直是六盘水市的支助性产业。对于一个资源型城市而言，单纯依赖于矿产资源往往会导致最终的衰落。[④]为了避免这摆在所有资源型城市面前的悲剧命运，许多资源型城市早在资源枯竭前便开启了由"单一资源依赖模式"向"多元产业组合型模式"的转变。[⑤]对于攀枝花市而言，它不仅有脚下

---

① 左学金，王红霞. 世界城市空间转型与产业转型比较研究[M]. 北京：社会科学文献出版社，2017：58.

② 李勇辉，吴朝霞. 世界老工业基地改造的模式与启示研究[J]. 开发研究，2005（3）：119-121.

③ 左学金，王红霞. 世界城市空间转型与产业转型比较研究[M]. 北京：社会科学文献出版社，2017：71-75.

④ 左学金，王红霞. 世界城市空间转型与产业转型比较研究[M]. 北京：社会科学文献出版社，2017：38.

⑤ 郑志国. 我国单一资源城市产业转轨模式初探[J]. 经济纵横，2002（2）：11.

丰富的钒钛钢铁等矿产资源，同时还有着头顶上充足的阳光资源，把"钒钛产业"和"阳光康养产业"作为全新的名片，积极推动"钒钛产业"和"阳光康养产业"的发展，应该成为攀枝花市转型发展全新的"城市战略定位"。

与攀枝花类似，上天在赐予六盘水市丰富优质的煤炭资源的同时，还赐予其独一无二的气候条件。六盘水市夏季平均气温为19℃左右[1]，把这座中国著名的"煤都"打造成中国著名的"凉都"，应该成为六盘水市转型发展全新的"城市战略定位"。

为了实现攀枝花市和六盘水市新的战略定位，目前攀枝花市和六盘水市政府需要制定出怎样的"整体经营战略"和"具体经营战略"呢？笔者结合攀枝花市和六盘水市的现实情况，借鉴国际上实现城市产业转型的成功案例和现有的产业转型理论，根据中国传统哲学中的"整体循环理念"与"辩证思维理论"，首次突破性地提出了"走出去与引进来"的整体经营战略，"刚柔相济，内外相合，动静相应"的具体经营战略。

（一）"走出去与引进来"的整体经营战略

从德国汉堡到美国纽约，再到美国匹兹堡的城市产业转型经验中，都不难观察到"产业集群理论"的影响力。[2]然而，正如笔者在第二章中所提到的，作为一般意义上的管理学理论，"产业集群理论"未能上升到"管理哲学"的高度，因此，它所能发挥的影响和给人们带来的思维启迪是有限的。笔者认为，与一般意义上的管理学理论不

---

[1] 刘安乐，杨承玥，张雁，明庆忠.六盘水市康养旅游资源调查与评价研究[J].六盘水师范学院学报，2018，30（6）：18-23.
[2] 左学金，王红霞.世界城市空间转型与产业转型比较研究[M].北京：社会科学文献出版社，2017.

同，一个简明深刻的管理哲学理论，将会对一座城市的转型实践产生更加深远的影响。基于此种考虑，笔者结合中国传统儒家哲学，在针对三线资源型城市转型的对策中首次提出了"走出去与引进来"的整体经营战略。

"走出去与引进来"的整体经营战略，强调的是一个"整体统筹"的概念，正如一位国画大师画一幅水墨山水画，绘画前要在头脑中做出一个整体的构思与规划，先画哪笔，后画哪笔，在落笔时还要兼顾总体的布局，孰轻孰重，孰多孰少，何处留白，何处重墨，都要小心把握，以免留下无法挽回的败笔。

城市整体经营战略要求在讨论城市转型问题的对策时，首先要基于系统观的经济转型思路[①]，对城市转型问题有一个宏观整体的顶层规划与设计。从德国鲁尔区成功的改造实践可以清晰地看出，能否制定出系统宏观的经营战略对于城市转型的成败起着十分关键的影响。[②] 也正是在对德国鲁尔区转型实践的研究中，笔者获得了城市整体经营战略的启示，在结合中国传统儒家"整体循环论"的思想基础上，提出了"走出去与引进来"的整体经营战略。

"走出去与引进来"战略（见图 6-5）是笔者对城市转型的整体经营战略的动态形象的描述，具体到攀枝花市和六盘水市而言，则是指通过施行一系列有效的措施，把攀枝花市和六盘水市的"好产品""好广告""好口碑"推出去，同时把外界的"投资""人才""顾客"吸引到攀枝花市和六盘水市来。正如德国鲁尔区的改革实践中，努力把它优质的煤化工产品和钢铁制品（好产品）及优质产品带来的良好评价

---

① 龙如银，汪飞. 基于系统观的资源型城市经济转型初探[J]. 管理学报，2008，5（5）：729-740.
② 李勇辉，吴朝霞. 世界老工业基地改造的模式与启示研究[J]. 开发研究，2005（3）：119-121.

（好口碑），通过强大的广告宣传媒介（好广告）推向世界各地，同时，把世界各地的投资、人才和顾客吸引到本地区，真正实现鲁尔区产业运行的良性循环。①对于攀枝花市和六盘水市而言，"好产品"不仅包括攀枝花市的钢铁钒钛产品和六盘水市的煤炭电力等"刚性"产品，也包括攀枝花市阳光康养服务和六盘水市凉都旅游服务等"柔性"产品。"好广告"既包括通过各类新旧媒体发布的实体广告，也包括通过顾客"口口相传"的民间广告。"好口碑"是指在各类媒体上的留言、问卷调查中留下的记录以及民间自行展开的评价等。攀枝花市和六盘水市"走出去与引进来"的整体经营战略，就是要把高品质的钢铁钒钛产品和煤炭电力资源、优质的阳光康养服务和凉都旅游服务（好产品），通过优质产品带来的良好评价（好口碑）及多元灵活的宣传媒介（好广告）推向外部世界，同时把外部世界的投资、人才和顾客吸引到本地区，真正实现攀枝花市和六盘水市产业运行的良性循环，最终推动城市产业转型的成功。

在《攀枝花市国民经济和社会发展第十三个五年规划纲要》中的"推进开放型经济发展"部分，曾提到过"统筹国际国内两个市场，实施更加积极的开放战略，坚持'引进来'和'走出去'结合，内外资利用并举，提高参与国内外分工和竞争的能力，不断拓展新的开放领域和空间，全面推进攀枝花开放型经济发展"。②尽管《攀枝花市国民经济和社会发展第十四个五年规划和二〇三五年远景目标纲要》中所提到的统筹对象指的是"国际和国内两个市场"，这种从宏观整体出发的逻辑，与笔者提到的"走出去与引进来的整体战略"是一脉相

---

① 李勇辉，吴朝霞. 世界老工业基地改造的模式与启示研究[J]. 开发研究，2005（3）：119-121.
② 攀枝花市政府办公厅（2016）. 攀枝花市国民经济和社会发展第十三五规划纲要[EB/OL]. 2016-01-15 [2016-02-16]. http://www.panzhihua.gov.cn/zwgk

承的,它从逻辑思维的角度证明了"走出去与引进来的整体经营战略"具有一定的现实合理性。

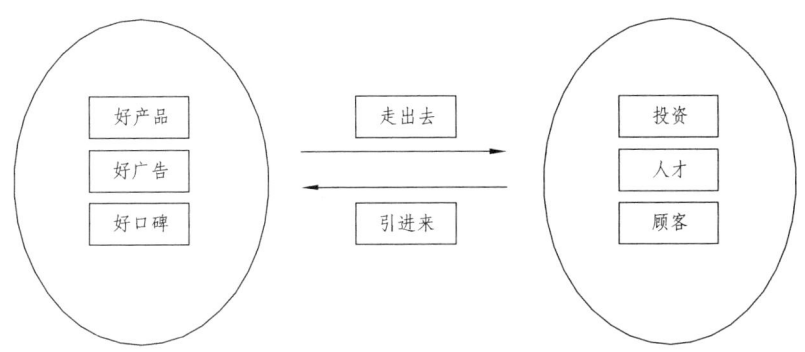

图 6-5　三线资源型城市"走出去与引进来"整体经营战略

(二)"刚柔相济,内外相合,动静相应"的具体经营战略

无论是从德国鲁尔区、德国汉堡市,还是从美国锈带复兴等以往一系列成功实现转型的城市或地区的经验中,都能看到"产业链升级理论"的影响力。[①]然而,正如笔者在前面章节中所提到的,产业链升级理论作为一般意义上的管理学理论,也没有提升到"管理哲学"的层次,因此,它所能发挥的影响力也十分有限。笔者以为,对一座城市的转型发展实践而言,与一般意义上的管理学理论相比,一个简明深刻的哲学智慧更能发挥积极有效的影响。基于这一考虑,笔者结合中国传统儒家与道家的哲学智慧,在针对三线资源型城市转型的对策中首次提出了"刚柔相济"的产业规划战略,"内外相合"的管理营销战略,以及"动静相应"的人才培养战略(见图 6-6)。

---

① 左学金,王红霞. 世界城市空间转型与产业转型比较研究[M]. 北京:社会科学文献出版社,2017.

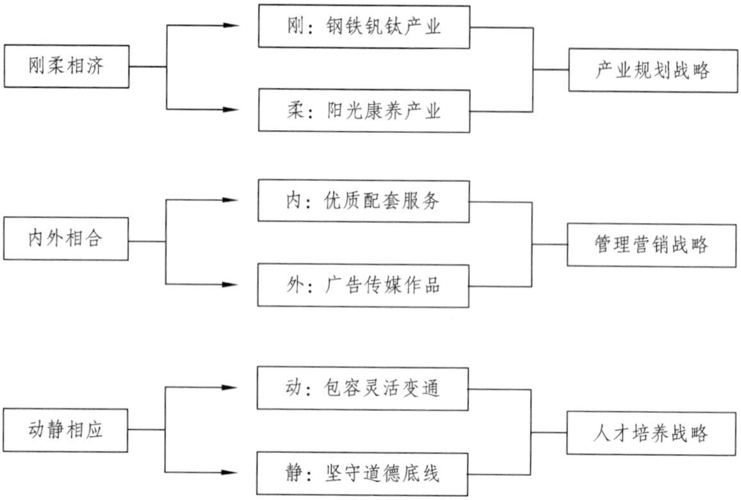

```
刚柔相济 ──┬── 刚：钢铁钒钛产业 ──┐
           │                      ├── 产业规划战略
           └── 柔：阳光康养产业 ──┘

内外相合 ──┬── 内：优质配套服务 ──┐
           │                      ├── 管理营销战略
           └── 外：广告传媒作品 ──┘

动静相应 ──┬── 动：包容灵活变通 ──┐
           │                      ├── 人才培养战略
           └── 静：坚守道德底线 ──┘
```

图 6-6　三线资源型城市转型具体经营战略

首先，"刚柔相济"的产业规划战略。

"刚柔相济"是指在一个统一体中，"刚"性的事物与"柔"性的事物之间往往具有相互补充的关系。在处理现实中的问题时，可以利用事物之间的这一关系，推动事物向希望的方向发展。"刚柔相济"的思想是笔者从道家辩证思维理论中的"阴阳相生"的理念推导出来的，它与《周易》中"阴阳相生""否极泰来"的思想也是一脉相承的。

在德国鲁尔区的改革实践中，德国政府在大力扶持煤炭和钢铁产业等传统产业[①]和建立化学、汽车、机械制造、信息通信的同时，也积极推动零售业、旅游业、法律咨询、广告、多媒体等各类新兴服务产业的发展[②]，这一做法体现了"刚柔相济"这一产业规划战略的思路，给笔者提出解决城市经营困境的策略带来了启示。

---

① 李冲. 贵州资源型城市产业升级对策研究——以六盘水市为案例[D]. 贵阳：贵州财经大学，2009.

② 李勇辉，吴朝霞. 世界老工业基地改造的模式与启示研究[J]. 开发研究，2005（3）：119-121.

就攀枝花市的产业发展而言,在"刚柔相济"的产业规划战略(见图 6-6)中,"刚"是指攀枝花市的钒钛钢铁产业,"柔"是指以旅游养老产业为发展重心的攀枝花市阳光康养产业。"刚柔相济"的理念就是指把这两大产业看作同处于一个大的产业体中,两者之间存在相互关联和相互推动的关系,做到太极图中"你中有我"和"我中有你"的深度融合,从而实现推动城市产业之间的良性循环。

与攀枝花市类似,对于六盘水市产业发展而言,在"刚柔相济"的产业规划战略中,"刚"是指六盘水市的煤炭电力产业,"柔"是指以旅游产业为发展重心的六盘水市的凉都旅游产业。"刚柔相济"的理念就是指把这两大产业看作同处于一个大的产业体中,两者之间存在相互关联和相互推动的关系,从而实现推动城市产业之间的良性循环。

一位受访者在访谈中谈到对攀枝花市阳光康养产业未来发展的建议时曾指出:"'康养+工业'就是引导钢铁、钒钛、机械制造向康养方向延伸,制造出高品质的钒钛材料的医疗器材等服务于康养产业。"(e3-1)

事实上,"阳光康养业与工业"的相互融合就是"刚柔相济"的产业规划战略的另一种表述方式而已。

从攀枝花市日益增加的康养消费者人数不难发现,数量巨大的康养消费人群极有可能成为潜在的消费群体,从而推动钒钛制品产业的发展,刺激钒钛产业的技术研发,推动钒钛产业的进步。同样,优质的钒钛产品有助于提升阳光康养产业的消费品质,从而提升顾客群体的消费感受,推动阳光康养产业的发展。

与攀枝花市相类似,在《六盘水市城市总体规划(2014—2030)》中也推出了"凉都+"的概念,提出了"凉都+山地+生态特色",尝试把凉都与农业和旅游业结合在一起。①事实上，笔者认为，可以对"凉都＋"的概念做更进一步大胆的推广与延伸，推出"凉都+农业企业"（如将特色农产品加工与凉都理念结合在一起）、"凉都＋食品加工企业"（如将特色水果加工业与凉都理念结合在一起）等。这些产业间相互渗透与融合的关系，同样是对"刚柔相济"理念的发挥与运用。

其次，"内外相合"的管理营销战略。

"内外相合"是指在一个统一体中，处于内部的事物与处于外部的事物之间存在着相互连接的关系。②在处理现实中的问题时，可以利用这一特点，推动内部与外部事物之间的相互配合，实现预期的目标。"内外相合"的思想是笔者从道家辩证思维理论中的"阴阳相生"的理念推导出来的，它与《周易》中"阴阳相生""否极泰来"的思想也是一脉相承的。

在英国的老工业区改造的成功实践中，英国政府在不同行业间引进业绩竞争制度，发挥行业监管机构作用，通过对业绩优劣企业的奖惩对企业行为施加影响。这种行业监管机构将激励机制纳入业绩制度的做法，大大推动了这些机构服务水平的提高。③与此同时，英国政府重视对包括广告行业在内的新兴产业的支持力度。这种对内强调监管与服务，对外重视广告与宣传的"内外配合"的做法，也给本研究解决产业转型问题中面临的经营困境带来了新的启示。事实上，也正是在借鉴英国政府实施的"内外配合"管理营销策略的基础上，笔者提出了"内外相合"的管理营销战略。

---

① 中国城市设计规划研究院（2015）. 六盘水市城市总体规划（2014—2030）[EB/OL]. 2015-07-29 [2015-08-13]. http://www.gzlps.gov.cn/.
② 李剑，刘道英. 易经[M]. 西宁：青海人民出版社，2002：23.
③ 李勇辉，吴朝霞. 世界老工业基地改造的模式与启示研究[J]. 开发研究，2005（3）：119-121.

就攀枝花市和六盘水市而言，在"内外相合"（见图6-6）的理念中，"内"指的是由攀枝花市和六盘水市提供的优质配套服务和质量合格的产品等；"外"指的是对外的广告新闻宣传，影视作品、电视选秀节目（如"康养老人最佳才艺选秀节目"或"凉都好民歌选秀节目"等）的播出等。"内外相合"是指"内"与"外"两者相互配合，形成内外一致的良好口碑，增强城市的吸引力，推动城市的产业转型。

在采访中，有受访者在谈到发展阳光康养业时指出：现在攀枝花市阳光康养产业的名气已经打出去了，就连北京的专家都对攀枝花市阳光康养产业的情况有了一些了解，说明攀枝花市的阳光康养产业在宣传方面做得很不错。攀枝花市阳光康养产业的情况是：仅2017年，从全国各地来到攀枝花市康养的人数就达到了12万到15万，可以说这一产业基本走上了正轨，现在有一种提法是"北有北戴河，南有攀枝花"（e4-1）。如果攀枝花市的阳光康养产业只是让客户住着晒太阳，那就太单调了。所以从长远看，发展阳光康养产业需要把旅游当作一个核心内容来发展，也就是人来了，住下来后，要有地方玩，吃的也要有特色（e5-1）。这两段访谈内容存在着非常紧密的联系，前者指的是对外的宣传状况，后者指的是内部应该提供的服务情况，两者之间是相互联系与相互配合的关系，这正是"内外相合"管理营销战略所包含的基本内容。

最后，"动静相应"的人才培养战略。

"动静相应"是指在一个统一体中，有时处于"动态"的事物与处于"静态"的事物之间存在着相互呼应的关系。[①]在处理现实问题时，可以利用事物之间的这种关系，推动事物向良性的方向发展。"动静相应"的思想是笔者从道家辩证思维理论中的"阴阳相生"的理念

---

① 李剑，刘道英. 易经[M]. 西宁：青海人民出版社，2002：24.

推导出来的,它与《周易》中"否极泰来"的思想也是一脉相承的。

在德国汉堡市城市转型的成功经验中,包含了大量关于人才培养方面的内容。他们一方面强调加强岗位道德和技能的培训,重视个人道德品质和专业水平的提升;另一方面也十分关注训练人才适应环境的综合能力。① 这些做法与中国传统哲学思想中所倡导的"外圆内方"的处世哲学十分相似。在"外圆内方"的处世哲学中,"外圆"指的是在与人相处时,要表现得宽容大度、随和变通;"内方"则是指在与人相处时要坚守内在的道德底线和基本原则。"外圆内方"的处世哲学就是指一个人在处事时既要做到随和包容,同时也要做到坚守内在的道德原则。从几何学的角度看,"圆形"具有不稳定性和易变动性;"方形"则正好相反,具有稳定性和不变性。中国传统哲学正是看到了"圆形"与"方形"这两种图形具备的不同特性,借以形象直观地描述出"外圆内方"这一处世哲学的深刻内涵。笔者同样借用了"圆的动态易变性"与"方的稳定不变性"这一几何特点,在"外圆内方"这一处世哲学基础上,提出了"动静相应"的人才培养战略。

"动静相应"的人才培养战略(见图6-6)就是指在人才培养方面,既要强调坚守坚定的内在道德原则和道德底线,也要重视培育能够积极适应外在环境变化的包容态度与个性素质。以此在外由于"开放包容"树立起长期良好的政府和企业的外在形象,在内因为"坚守原则"构建起良性有序的运营机制。

就攀枝花市与六盘水市城市产业转型的人才培养战略而言,"动静相应"的人才培养战略要求政府在培养人才时,要遵循中国传统哲学中的"外圆内方"原则。以此原则为宗旨,开展系统的人才培养工

---

① 左学金,王红霞. 世界城市空间转型与产业转型比较研究[M]. 北京:社会科学文献出版社,2017:156.

作，从而做到尽量使城市转型工作的参与者具备以下素质：一方面，要懂得坚守基本的道德准则与道德底线；另一方面，在面对瞬息万变的社会与市场形势中，在处理纷繁复杂的政务与商业事务时，要懂得适当变通，随时准备适应外部环境的变化，用积极的态度应对外部环境的发展与变化，甚至当机会来临时，积极推动外部环境的发展与变化。

总之，把"动静相应"的人才培养战略引入三线资源型城市产业转型的对策，一方面将有助于提高三线资源型城市产业转型中管理人才的整体素质，另一方面对于形成政府和企业内部良好有序、和谐宽松的管理氛围，提升政府和企业的整体形象将发挥积极的影响。

最后需要指出的是：无论是"走出去与引进来"整体经营战略，还是"刚柔相济，内外相合，动静相应"具体经营战略，都不是"无源之水""无本之木"。一方面，它们既是对包括德国鲁尔区和英国伦敦等国际上成功实现地区或城市转型的经验的总结与提炼，又是对现有的产业转型理论中"产业集群理论"和"产业链升级理论"的哲学提炼；另一方面，它们也是对儒家"整体循环思想"和道家"阴阳相生"的"辩证思维理论"的推广与运用。它们是把现实中的城市转型的成功经验、当今十分盛行的"产业集群理论"和"产业链升级理论"、儒家"整体循环思想"和道家"辩证思维理论"与攀枝花市和六盘水市城市转型实践结合在一起的产物，是针对攀枝花市和六盘水市城市转型发展困境提出的城市经营战略的构想和对策。这一构想和对策在个人访谈中得到部分验证，更多的内容还有待在攀枝花市和六盘水市未来的转型发展实践中得到进一步的检验。

第七章

结 论

一、关于三线资源型城市困境的讨论

本书讨论的是三线资源型城市转型问题,并提供了一个新的理论视角,解释了三线资源型城市转型所面临的挑战及应采取的对策。由于三线资源型城市具备一般资源型城市不具备的特点,因此现有的一般资源型城市的理论不足以完整揭示出三线资源型城市所面临的困境,由此也难以提出适合的应对策略。尽管刘云刚在讨论中国资源型城市形成机理时,指出中国资源型城市的发展是一个双重动力影响下的阶段性发展过程,也就是在传统计划经济体制下中国资源型城市的发展是受到国有资源开发企业的垄断控制,表现为城市企业化和企业城市化[①](2002),然而,却不能解释中国三线资源型城市在城市转型过程中为什么会陷入由布局困境造成的区位劣势和由制度劣势带来的经营困境的问题。刘玉劲和陈凡指出在制度和产业技术的双重约束下,资源型城市的产业结构就有高度刚性[②](2004),却没有揭示出三线资源型城市同样存在的这种"高度刚性"问题是在国家政治历史中因为巨大的国防压力而被迫形成的。陈才在讨论资源型城市形成机理的原因时指出,按照苏联模式建设的城市已不适应当代中国市场经济的发展[③](2003),尽管在中国三线资源型城市的建设中不难发现苏联模式的影子,并且也在一定程度上印证了这一模式所具备的"应对迫在眉睫的战争威胁"和"集中力量办大事"的能力,却不能解释中国三线

[①] 刘云刚. 中国资源型城市的发展机制及其调控对策研究[D]. 长春:东北师范大学,2002.
[②] 刘玉劲,陈凡,邢怀滨. 我国资源型城市产业转型的分析框架[J]. 东北大学学报,2004,6(3):184-187.
[③] 陈才. 东北老工业基地资源型城市与地区产业结构转型问题研究[M]. 长春:东北师范大学出版社,2003.

资源型城市所陷入的"布局困境造成的区位劣势问题"。

本书在讨论三线资源型城市的转型发展问题时,从一开始就尝试把三线资源型城市从中国众多资源型城市的转型发展问题中剥离出来,通过对一系列关于三线资源型城市特点的文献引述,证明了三线资源型城市在产业转型中所经历的困境是政治与历史因素造成的,而非单纯的经济因素。

三线资源型城市属于中国资源型城市的一部分,因此,在以往相对成熟的中国资源型城市转型问题的文献中,不乏一定数量的研究三线资源型城市的文献,如由中国社会科学院当代中国研究所第二研究室国情调研组对贵州六盘水市展开的三线建设调研形成的调研报告《资源型城市转型发展路径依赖与突破》[1]。在这类文献所讨论的关于案例城市的转型中,也包括本书提到的"布局困境造成的区位劣势"和"制度困境造成的城市经营劣势"相关的内容,但没有意识到造成这些困境的根本原因是这些资源型城市本身的"三线资源型城市"这一身份。换言之,正是由于三线建设的历史与政治需要,才产生了这些三线资源型城市,今天这些三线资源型城市在城市转型过程中所遭遇的"城市区位劣势"和"城市经营劣势",均为先天造成的,是内生的,是缘于当初的三线建设是在一个特殊的历史背景下,因为国防安全的需要,不得不遵循"靠山、分散、隐蔽"的选址原则,同时出于国防安全的考虑,推行了"政企合一"的计划经济体制的半军事化的管理模式。如果不能看清这一点,对于三线资源型城市困境的分析就很难做到准确和全面,很容易把一

---

[1] 郑有贵,中国社会科学院当代中国研究所第二研究室. 资源型城市转型路径依赖与突破——六盘水市三线企业引领转型发展调研[J]. 贵州社会科学,2014,296(8):88-93.

些非根本性的原因（如外部资本环境的变化）当成根本原因，提出一些治标不治本的对策，从而难以找到真正能够帮助三线资源型城市走出转型困境的有效对策。

二、关于三线资源型城市转型对策的讨论

以往文献中关于中国资源型城市转型路径与对策也十分丰富，主要围绕宏观系统战略和单一具体策略两个方面展开。

首先，从宏观系统的层面看，毕军贤和张耀军等认为资源型城市应该实施系统的转型战略，应当主动适应全球化趋势，充分发挥资源优势，延长资源开发周期，完善资源市场体系，提高资源利用效率，增加要素投入，改善投资环境，逐步实现资源密集型向技术密集型和劳动密集型转变，因地制宜地选择引入全新替代产业的"大转型"或延伸产业链、带动相关产业发展的"小转型"，丰富产业链，建立循环经济体系，实现资源型城市的可持续发展。[①]

毕军贤和张耀军等所提到的"系统战略""替代产业""产业链延伸""循环经济体系"等内容，与本研究关于三线资源型城市转型的对策有着较多的相似之处，然而，他们所讨论的是一般资源型城市转型对策问题，而非三线资源型城市的转型对策，他们的系统转型战略不能解决在三线资源型城市转型过程中天然存在的"布局困境造成的区位劣势"，而这一区位劣势在三线资源型城市转型的过程中是首先必须解决的关键性问题，是目前三线资源型城市转型问题中面临的最大瓶颈之一。这一问题得不到解决，其他一系列决策在某种意义上讲很难

---

① 毕军贤. 资源型城市经济增长途径分析[J]. 城市问题，2002，108（4）：25-27.

为三线资源型城市转型问题带来突破性改变。

其次，从单一具体的方面看，沈镭和程静从"比较优势"的角度指出资源型城市经济转型必须发挥自身的比较优势，通过"优势替代、优势再造、优势互补、优势延伸、优势挖潜"的优势转换战略，从而实现资源型城市的经济转型。①张军涛从"代际公平"的角度出发，指出资源型城市的转型应以代际公平为目标建立资源型城市社会经济发展与环境的协调关系。②刘祥和孟浩则从"创新"的角度指出应从资源型城市这一巨系统出发，通过市场创新、文化创新、知识创新、制度创新、技术创新、管理创新和方式创新等各种创新集成，重整系统要素之间的关系。③

无论从"比较优势"的角度出发，从"代际公平"的角度出发，还是从"创新"的角度出发，这些适用于解决一般资源型城市转型问题的策略，却未必适合三线资源型城市转型问题，因为对于陷入城市区位劣势的三线资源型城市而言，如果不首先解决它的交通问题，其他的一切转型策略都可能沦为"一纸空谈"；与此同时，对于陷入制度因素造成的城市经营劣势的三线资源型城市而言，如果不首先从修正其管理体制中的不合理因素，构建以市场为中心的包含"整体循环思想"的整体经营战略和包含"辩证思想"的具体经营战略，则很难引领三线资源型城市走出转型困境。

总结近年来国际上一系列成功实现城市转型的案例，笔者发现，这些城市都在不同程度上受到了以下四大理论的影响：(1)产业服务

---

① 沈镭,程静. 论矿业城市经济发展中的优势转换战略[J]. 经济地理,1998, 18(2):41-45.

② 张军涛. 从代际公平的角度研究资源型城市的可持续发展[J]. 资源产业, 2001(4):27-28.

③ 刘祥,孟浩. 创新集成：矿业城市可持续发展的有效路径[J]. 城市问题, 2003,114(4):33-36.

化理论;(2)价值链升级理论;(3)产业集群化理论;(4)产业融合理论(左学金,王红霞,2017)。这些理论被本书在三线资源型城市"内部空间优化"部分采纳,成为本书的重要组成部分。与此同时,笔者在"外部空间规划"中还借鉴了日本东京城市转型过程中关于"交通优先"的经验与策略,以及参照了德国鲁尔区、美国锈带复兴、伦敦服务业化转型等一系列地区和城市成功的转型经验,这些理论和经验成为本书"城市空间战略定位"的重要组成部分。

然而,本书在展开对于三线资源型城市转型对策问题中"城市经营战略定位"的研究时,并没有局限于现有的这些城市转型理论,主要原因在于:一方面,笔者认为,现有的城市产业转型对策理论,如产业集聚理论和产业链升级理论,虽然已经在城市转型的实践中证明了其有效性,但是正如前文中分析的那样,这些理论作为一般性的理论,并未被提升到一个管理哲学的高度,因此缺乏管理哲学所具备的理论深度和思维启迪性,其影响力也因此受到一定程度的限制。另一方面,笔者认为三线资源型城市从建设到转型,都有着与其他国家的资源型城市不同的特点,比如,出于国防安全的考虑,城市建设遵循"靠山、分散、隐蔽"的选址原则,推行"政企合一"的计划经济体制的半军事化管理模式;在三线建设过程中产生的"好人好马上三线""献了青春献终身,献了终身献子孙"等一系列"高亢的"和"富于牺牲精神"的口号,体现了他们中的大多数人的热血和信念,反映了几千年来融入中国人血液的儒家等传统文化所倡导的"家国情怀"和"爱国精神"。简言之,要解决中国的问题,首先需要了解中国人的思维逻辑。换句话说,只有建立在符合中国人思维逻辑基础上的策略,才更有可能赢得理解并取得成功。

因此,本书在三线资源型城市转型对策中"城市经营战略定位"

的部分，结合了儒家经典著作《易经》中的"整体循环论"和深刻影响了中国社会思维模式的道家著作《道德经》中"阴阳相生"的"辩证思维理论"的一些内容，提出了不同于以往城市转型理论的一套更适合中国社会思维模式的三线资源型城市的产业转型对策，包括"走出去与引进来"的整体经营战略及"刚柔相济，内外相合，动静相应"的具体经营战略。

总之，无论是"走出去与引进来"整体经营战略，还是"刚柔相济，内外相合，动静相应"的具体经营战略，均为笔者把中国传统哲学中整体循环理论和"阴阳相生"的辩证思维理论与当代三线资源型城市转型实践相结合，总结和推导出来的城市转型策略，希望能为未来三线资源型城市转型问题的研究者和从事城市转型实践的管理者提供一定的借鉴与帮助。

三、本研究的结论

本书的研究目的是希望在中国当代的历史变迁中，找出三线资源型城市产业蜕变所面临的挑战与对策。在本书中，笔者通过结合三线资源型城市产生、发展与变化的历史，结合三线资源型城市的特点，总结出了以攀枝花市为典型案例的三线资源型城市转型中所面临的困境，收集和提出应该采取的对策。笔者认为三线资源型城市在转型过程中主要面临两大困境，即"布局困境造成的城市区位劣势"和"制度困境造成的城市经营劣势"。

本书在总结出三线资源型城市转型困境的基础上提出了相应的对策，即用"优化结构"和"改善交通"的方式重新定位"城市空间战略"，解决"布局困境造成的城市区位劣势"；用"整合要素"和"拓展思维"的方式重新定位"城市经营战略"解决"制度困境造成的城市经营劣势"。具体地讲，以攀枝花市为案例，就是通过推行"服务业化、产业链升级、产业集群、产业融合"，优化三线资源型城市内部空间布局；通过"修建高铁，改善市内交通状况"等方式，构建"成攀昆经济带"，改变"区位劣势"，最终解决"布局困境造成的城市区位劣势"；通过"整合资源要素"，结合儒家"整体循环理论"，实施"走出去和引进来"的整体经营战略，从宏观上制定出"城市经营战略"，同时通过"拓展思维"，结合道家"辩证思维观"，推出"刚柔相济，内外相合，动静相应"的具体经营战略，从微观上确定城市经营战略，最终解决"制度困境造成的城市经营劣势"（见图7-1）。

与一般资源型城市转型理论不同，笔者认为三线资源型城市转型发展中所经历的困境，从表面上看是市场波动等经济要素引发的，而从本质上讲，市场的波动只是引发转型困境的外在因素，而非导致三线资源型城市陷入转型之困境的根本因素。结合三线资源型城市的历史与特点，不难发现，三线资源型城市转型的问题，无论是"布局困境造成的城市区位劣势"，还是"制度困境造成的城市经营劣势"，都是先天性的和内生的（即先天城市布局和内在企业制度），而非在后天发展中才形成的。这些都使三线资源型城市在转型过程中所遭遇的困境与一般资源型城市在转型过程中的困境存在明显的差异，因此，用一般资源型城市转型理论分析三线资源型城市的转型问题，很难做到准确和全面。尽管三线资源型城市与一般资源型城市之间有着巨大的不同，但它们仍然属于中国资源型城市的一部分，因此本书开展的三线资源型城市转型困境问题的研究，既是对中国资源型城市转型问题研究的一个创新，也是对中国资源型城市转型问题理论研究的一个补充。

与此同时，在提出解决三线资源型城市困境的对策时，本书除了借鉴一些成功实现转型的城市经验，如"产业服务化、价值链升级、产业集群化、产业融合"等理论以及"交通优先"的策略，还结合中国传统哲学中儒家"整体循环思想"和道家"阴阳相生"的辩证思维理论，提出了"走出去与引进来"的整体经营战略和"刚柔相济，内外相合，动静相应"的具体经营战略。这是笔者对中国传统资源型城市转型对策理论的又一个补充。

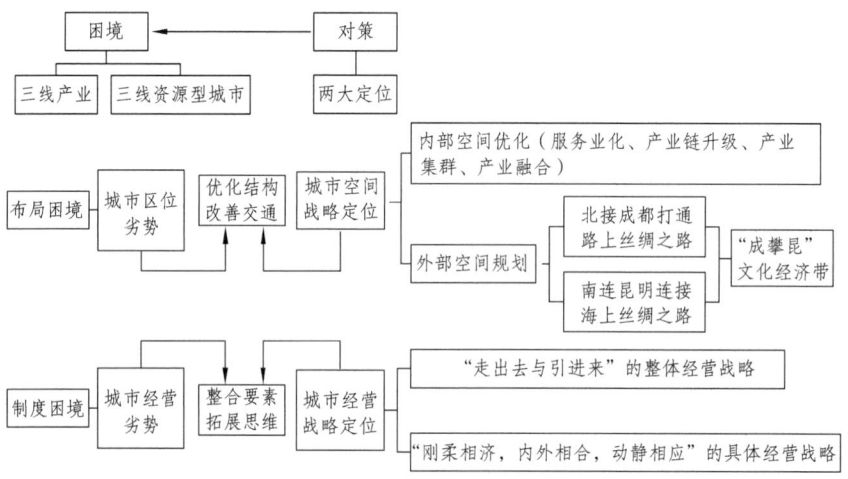

图 7-1　三线资源型城市攀枝花市产业转型困境与对策结构

四、本研究可能的影响与意义

本书作为一部关注中国三线资源型城市转型的困境与对策问题的著作，其意义主要包括以下两个方面。

第一，本书对正处于转型过程中的中国三线资源型城市有着一定的现实意义,尤其是本书所选择的案例城市——攀枝花市,以及作为对比城市的六盘水市。本书对攀枝花市和六盘水市展开了近两年的调研,在调研中发现的问题,正是攀枝花市和六盘水市在转型中所经历的问题,因此,对这两座城市的管理者而言,本书所提供的城市转型中的困境问题和对策方案都有着一定的现实意义。

第二,本书开创性地把三线建设与中国资源型城市转型问题结合起来,为从事三线建设和资源型城市转型问题研究的学者指出了一个新的选题方向和研究思路。由于三线资源型城市数量众多,因此,在三线资源型城市转型问题的研究中有很多内容值得后来的学者展开研究。

从理论创新的角度看,本书的研究意义主要体现在三个方面。

首先,以往学术界关于资源型城市转型问题的研究尽管已经十分丰富,却鲜少对中国三线资源型城市的转型问题展开研究。本书以此为切入点,通过深入研究,揭示出中国三线资源型城市与一般资源型城市在转型发展过程中存在的差异性,从而在一定程度上丰富了资源型城市转型问题的研究。

其次,以往国内外对于资源型城市转型问题的研究更多的是从市场经济的角度对城市转型的困境和对策展开研究,很少有学者从历史和政治的角度对中国三线资源型城市天然的"市场竞争劣势"加以考虑,因此,对于三线资源型城市在转型中所遭遇的困境很难做出全面、系统、准确和透彻的分析和把握,因此也很难提出行之有效的对策。本书是从历史和政治的角度对三线资源型城市的转型问题展开调查与研究,这是本书的创新点,希望能为从事中国三线资源型城市转型问题的研究者提供一种新的思路。

最后，尽管在以往的关于城市产业转型对策的研究中提出过"产业集群理论"和"产业链升级理论"等在现实中发挥过现实影响的理论，然而，这些理论作为产业转型的一般性理论，缺乏管理哲学应该具备的高度，这在一定程度上制约了这些理论的影响范围与深度。为此，笔者通过对"产业集群理论"和"产业链升级理论"等理论的深入分析，结合中国传统哲学中儒家"整体循环理论"和道家"阴阳相生"的"辩证思维理论"等哲学理论，首次尝试把"整体循环理论"和"阴阳相生"的"辩证思维理论"引入中国三线资源型城市转型对策的研究，在讨论针对三线资源型城市转型的对策中，提出了"走出去与引进来"的整体经营战略和一系列具体经营战略。这些具体经营战略包括："刚柔相济"的产业规划战略（即把传统的"刚"性资源型产业与新兴的"柔"性产业融合在一起，做到如"阴阳太极图"一般的"刚中有柔，柔中有刚"的产业规划战略理论）（见图7-2），"内外相合"的管理营销战略（即把提升企业产品和服务质量与外部传媒推广结合起来，做到内外围绕同一战略目标的"内外同心圆"一般的内外紧密配合的管理营销战略理论）（见图7-2），"动静相应"的人才培养战略（注重在人才培养中，努力培养出具备能够在内坚守道德原则，同时在外适应外部环境变化的包容变通的"外圆内方"个性气质的人才的人才培养战略理论）（见图7-2）。这些包含着中国传统哲学智慧的城市产业转型对策理论的提出，是对资源型城市转型发展对策理论的一次全新的尝试与突破，它在为后来的研究者提供新的研究方向和思路的同时，也起到了丰富城市产业转型理论的作用，这也是本书在资源型城市转型问题研究上的又一理论创新点。

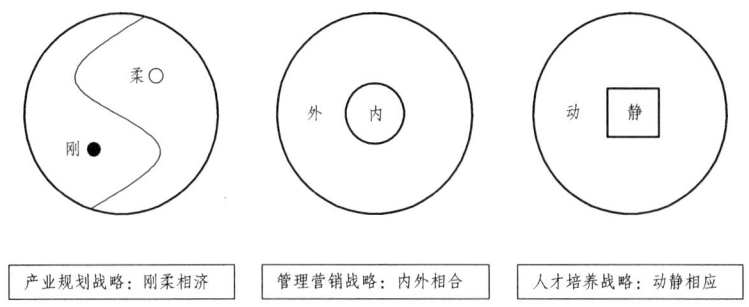

图 7-2 三线资源型城市转型具体经营战略模型

本书的局限主要在于：中国三线资源型城市数量众多，虽有许多共同性，但也各有其特点。为了对三线资源型城市的转型问题展开深度研究，本书选择了典型案例研究的方式，这种方式注定了本书的研究尽管已经尽力对三线资源型城市在转型问题上的共同困境做了比较全面和深入的解析，并且提出了可供推广的相应的战略对策，但依然无法揭示出中国所有三线资源型城市在转型过程中各自所面临的所有困境，并对症下药地提出相应的对策。因此，面对不同样本城市存在不同特点的问题，只能由另外的学者针对其他三线资源型城市展开专门的研究，以弥补这方面的局限。

中国三线资源型城市数量众多，其中绝大多数城市已经进入了转型发展时期。这些城市转型的成败，一定程度上影响着中国未来的发展。而这些正面临转型问题的城市，都有着自己独特的劣势与优势。选择不同的城市作为案例，展开深入调研，获取相关资料，再结合这些城市的实际，深度挖掘和总结出这些城市所面临的转型困境，找出推动案例城市成功转型的对策，应该成为下一步针对三线资源型城市转型问题的研究方向。

参考文献

[1] 李彩华. 三线建设研究述评[J]. 社会科学战线，2011（10）.

[2] 仲海涛. 中国共产党区域发展理念演变对三线建设、调整改造的影响[J]. 东北师大学报，2011，251（3）.

[3] 段娟. 中国共产党推进区域分工协作的探索及其启示——以新中国成立后至改革开放为研究时限[J]. 兰州商学院学报，2011，27（6）.

[4] 国家统计局固定资产投资统计司. 中国固定资产投资统计年鉴（1950—1995）[M]. 北京：中国统计出版社，1997.

[5] 孙泽学. 当代中国三次西部开发的历史比较[J]. 华中师范大学学报，2001，40（3）.

[6] 谢光. 当代中国的国防科技事业（上）[M]. 北京：当代中国出版社，1992.

[7] 申晓勇，武力. 中国国防工业与经济发展互动研究（1949—2015）[J]. 中国经济研究，2016（5）.

[8] 马泉山. 再谈三线建设的评价问题[J]. 当代中国史研究，2011，18（6）.

[9] 马英民. 当代中国建设史上的创举——三线建设[J]. 北京党史研究，1997（1）.

[10] 周良民. 西部开发历史进程的回顾与思考[J]. 世界科技研究与发展，2000（4）.

[11] 徐焰. "革命加战争还是和平与发展"——五十年来我国对时代特点的认识[J]. 百年潮，1999（3）.

[12] 邬翊光. 我国生产力宏观布局"西进"和"东回"战略转移的评价[J]. 云南地理环境研究，1990，2（2）.

[13] 周明长. 三线建设调整改造与重点区域城市发展[J]. 贵州社会科学，2016，322（10）.

[14] 陈东林. 三线建设——备战时期的西部开发[M]. 北京：中共中央党校出版社，2003.

[15] 郑有贵，张鸿春. 三线建设和西部大开发中的攀枝花[M]. 北京：当代中国出版社，2013.

[16] 徐有威，陈熙. 三线建设对中国工业经济及城市化的影响[J]. 当代中国史研究，2015，22（4）.

[17] 周明长. 三线建设与中国内地城市发展（1964—1980）[J]. 中国经济史研究，2014（1）.

[18] 郑有贵，中国社会科学院当代中国研究所第二研究室. 资源型城市转型发展路径依赖与突破——六盘水市三线企业引领转型发展调研[J]. 贵州社会科学，2014，296（8）.

[19] 张勇. 历史书写与公众参与——以三线建设为中心的考察[J]. 东南学术，2018（2）.

[20] 王春才. 彭德怀在三线[M]. 成都：四川省社会科学院出版社，1989.

[21] 程子华. 程子华回忆录[M]. 北京：解放军出版社，1987.

[22] 赵德馨. 中华人民共和国经济史（1967—1984）[M]. 郑州：河南人民出版社，1989.

[23] 甘肃省三线建设调整改造规划领导小组办公室. 甘肃三线建设[M]. 兰州：兰州大学出版社，1983.

[24] 肖敏，孔繁敏. 三线建设的决策、布局和建设历史考察[J]. 经济科学，1989（2）.

[25] 张怀渝. 总结三线建设经验促进西南的开发[J]. 经济问题探索，1985（8）.

[26] 林凌，李树桂. 中国三线生产布局问题研究[M]. 成都：四川科学技术出版社，1992.

[27] 李宗植. 我国三线建设及其得失浅析[J]. 兰州大学学报，1988（3）.

[28] 马泉山. 新中国工业经济史（1966—1978）[M]. 北京：经济管理出版社，1998.

[29] 王春才. 中国大三线[M]. 成都：四川人民出版社，1997.

[30] 朱元石. 共和国要事口述史[M]. 长沙：湖南人民出版社，1999.

[31] 孙东生. 三线建设决策始末[J]. 党史天地，1998（5）.

[32] 陈东林. 从吃穿用计划到战备计划[J]. 当代中国史研究，1997（2）.

[33] 王培. 六十年代中期中共转变经济建设方针的原由[J]. 北京党史研究，1997，110（3）.

[34] 李曙新. 三线建设的均衡与效益问题辨析[J]. 中国经济史研究，1999（4）.

[35] 宋宜昌. 三线建设的回顾与反思[J]. 战略与管理，1996（3）.

[36] 高新生. 新疆三线建设初探[J]. 新疆大学学报，1999，27（1）.

[37] 熊红芳. 论三线建设与技术扩散[J]. 工业技术经济，1998，17（1）.

[38] 陈栋生. 对西部开发的几点思考[J]. 中国工业经济，2000（4）.

[39] 孙泽学. 当代中国三次西部开发的历史比较[J]. 华中师范大学学报，2001，40（3）.

[40] 林凌，刘世庆. 关于西部大开发战略的讨论[J]. 改革，2000（2）.

[41] 杨兵杰. 改革开放前三十年中国开发西部的思想与政策评析[J]. 经济问题探索，2002（9）.

[42] 王庭科. 三线建设与西部大开发[J]. 上海党史研究，2000（5）.

[43] 何郝炬，何仁仲，向嘉贵. 三线建设与西部大开发[M]. 北京：当代中国出版社，2003.

[44] 崔一楠，赵洋. 潜入与互助：三线建设中工农关系的微观审视[J]. 华南农业大学学报，2016，15（1）.

[45] 何瑛，邓晓. 重庆三峡库区"三线建设"时期的移民及文化研究[J]. 三峡大学学报，2012，34（3）.

[46] 施文."三线人"身份认同与建构的个案研究：以陕西省汉中市回沪"三线人"为例[M]. 上海：华东师范大学出版社，2009.

[47] 李浩. 上海三线建设搬迁动员工作研究[M]. 上海：华东师范大学出版社，2009.

[48] 陈景峰. 三线建设背景下的文化分析与思考——以攀枝花工业题材版画为例[J]. 中华文化论坛，2016（5）.

[49] 郭旭. 社会生活史视角下的三线建设研究——以饮食为中心[J]. 贵州社会科学，2017，329（5）.

[50] 蓝卡佳，敖钰. 三线建设言语社区语言生活[J]. 小说评论，2013（1）.

[51] 陈东林. 抓住供给侧改革和军民融合机遇，推动三线遗产保护利用[J]. 贵州社会科学，2016，322（10）.

[52] 徐有威，杨国华. 政府让利与企业自主：20世纪80年代上海小三线建设的赢与亏[J]. 江西社会科学，2015（10）.

[53] 刘福仁，蒋楠生，陆梦龙. 现代农业经济词典[M]. 沈阳：辽宁人民出版社，1991.

[54] 秦玉琴. 新世纪领导干部百科全书：第4卷[M]. 北京：中国言实出版社，1999.

[55] 陈慧女. 中国资源枯竭型城市产业转型研究[D]. 武汉：武汉大学，2010.

[56] 陆大道. 区域发展空间结构[M]. 北京：科学出版社，1995.

[57] 申玉铭，杨彬彬，张云. 资源型城市的生态环境问题与综合治理：以济宁市为例[J]. 地理研究，2006（3）.

[58] 于立，姜春梅，于左. 资源枯竭型城市产业转型问题研究[M]. 北京：中国社会科学院出版社，2008.

[59] 焦华富，陆林. 西方资源型城镇研究的进展[J]. 自然资源学报，2000，15（3）.

[60] 王青云. 资源型城市经济转型研究[M]. 北京：中国经济出版社，2003.

[61] 赵宇空. 中国矿业城市：持续发展与结构调整[M]. 长春：吉林科学技术出版社，1995.

[62] 路建涛. 工矿城市发展模式比较研究[J]. 经济地理，1997，17（3）.

[63] 鲍寿柏. 工矿专业性城市的变革及其出路[J]. 经济科学，1999（4）.

[64] 叶雪洁，吕莉，王晓蕾. 资源型城市产业转型路径研究——以淮南市为例[J]. 中国软科学，2018（2）.

[65] 李江苏，唐志鹏. 再生型资源型城市产业的结构性增长研究——以唐山市为例[J]. 地理研究，2017，36（4）.

[66] 刘吕红. 中国资源型城市的历史发展与转型[J]. 西南民族大学学报，2014（10）.

[67] 王彩霞. 新常态下资源型城市的经济转型问题研究[J]. 现代管理科学，2016（10）.

[68] 李学鑫，田光增，苗长虹. 区域中心城市经济转型：机制与模式[J]. 城市发展研究，2010，17（4）.

[69] 高鹏. 基于生命周期理论的资源型城市产业转型战略研究[J]. 河南师范大学学报，2014，41（3）.

[70] 李博,张旭辉.资源型城市经济转型与服务业发展——基于我国107座地级资源型城市的比较分析[J].西部论坛,2018,28(3).

[71] 岳利萍.中西部和东部资源型城市可持续发展的长效机制[J].改革,2017,282(8).

[72] 苗长虹,胡志强,耿凤娟,苗健铭.中国资源型城市经济演化特征与影响因素——路径依赖、脆弱性和路径创造的作用[J].地理研究,2018,37(7).

[73] 曾贤刚,段存儒.煤炭资源枯竭型城市绿色转型绩效评价与区域差异研究[J].中国人口资源与环境,2018,28(7).

[74] 左学金,王红霞.世界城市空间转型与产业转型比较研究[M].北京:社会科学文献出版社,2017.

[75] 施振荣.全球品牌大战略[M].北京:中信出版社,2005.

[76] 植草益.信息通讯业的产业融合[J].中国工业经济,2001(2).

[77] 李剑,刘道英.易经[M].西宁:青海人民出版社,2002.

[78] 李剑,刘道英.老子·庄子[M].西宁:青海人民出版社,2002.

[79] 周德群,龙如银.我国矿业城市可持续发展的问题与出路[J].中国矿业大学学报,2001(3).

[80] 宁志一.从历史的比较中看四川跨越式发展[J].四川党史,2000,184(4).

[81] 国务院办公厅.全国资源型城市可持续发展规划(2013—2020年)[EB/OL].2013-12-03.http//www.gov.cn/zwgk/2013/12/03/content_2540070.htm.

[82] "三线建设"和西部大开发中的攀枝花课题组.让中国梦成真的一种实践探索——攀枝花钢铁基地建设和改革发展对中国经验的生动诠释[J].教学与研究,2013(9).

[83] 夏雪. 六盘水市可持续发展战略选择——"煤都"到"凉都"的转变[D]. 天津：天津大学，2008.

[84] 六盘水市统计局. 六盘水统计年鉴（2000—2007）[M]. 六盘水：六盘水市统计局，2008.

[85] 姜楠. 资源型城市产业调整对空间形态的影响研究——以贵州六盘水市为例[D]. 长春：吉林建筑大学，2016.

[86] 攀枝花市统计局. 2017年攀枝花市统计年鉴[M]. 攀枝花：攀枝花市统计局，2017.

[87] 杨振超. 国内外资源型城市转型理论研究述评[J]. 上海经济研究，2010（6）.

[88] 郑伯红，廖荣华. 资源型城市可持续发展能力的演变与调控[J]. 中国人口·资源与环境，2003，13（2）.

[89] 沈镭，万会. 试论资源型城市的再城市化与转型[J]. 资源·产业，2003（6）.

[90] 李荣，王兴平. 煤矿城市安徽淮南的空间发展战略思考[J]. 规划师，2005，21（10）.

[91] 陈忠祥. 资源衰退型城市产业结构调整及空间结构优化研究——以宁夏石嘴山市为例[J]. 经济地理，2006，26（1）.

[92] 赵景海，俞滨洋. 资源型城市空间可持续发展战略初探——兼论大庆市城市空间重组[J]. 城市规划，1999，23（8）.

[93] 曾狄，申肖梅. 新城市贫困的社会后果[J]. 理论与改革，2000（2）.

[94] 李勇辉，吴朝霞. 世界老工业基地改造的模式与启示研究[J]. 开发研究，2005（3）.

[95] 郑志国. 我国单一资源城市产业转轨模式初探[J]. 经济纵横，2002（2）.

[96] 攀枝花市统计局. 攀枝花统计年鉴[EB/OL]. 2022-03-03[2022-04-15]. http://tjj.panzhihua.cn.

[97] 攀枝花市人民政府办公室（2021）. 攀枝花市国民经济和社会发展第十四个五年规划和二〇三五年远景目标纲要[EB/OL]. 2021-04-15 [2021-04-15]. http://www.panzhihua.gov.cn.

[98] 刘云刚. 中国资源型城市的发展机制及其调控对策研究[D]. 长春：东北师范大学，2002.

[99] 刘玉劲，陈凡，邢怀滨. 我国资源型城市产业转型的分析框架[J]. 东北大学学报，2004，6（3）.

[100] 陈才. 东北老工业基地资源型城市与地区产业结构转型问题研究[M]. 长春：东北师范大学出版社，2003.

[101] 刘祥，孟浩. 创新集成：矿业城市可持续发展的有效路径[J]. 城市问题，2003，114（4）.

[102] 张军涛. 从代际公平的角度研究资源型城市的可持续发展[J]. 资源产业，2001（4）.

[103] 沈镭，程静. 论矿业城市经济发展中的优势转换战略[J]. 经济地理，1998，18（2）.

[104] 张耀军，成升魁，闵庆文. 全球化背景下资源型城市可持续发展探讨[J]. 地理科学进展，2002，21（3）.

[105] 毕军贤. 资源型城市经济增长途径分析[J]. 城市问题，2002，108（4）.

[106] 龙如银，汪飞. 基于系统观的资源型城市经济转型初探[J]. 管理学报，2008，5（5）.

[107] 李冲. 贵州资源型城市产业升级对策研究——以六盘水市为案例[D]. 贵阳：贵州财经大学，2009.

[108] 刘安乐，杨承玥，张雁，明庆忠. 六盘水市康养旅游资源调查与评价研究[J]. 六盘水师范学院学报，2018，30（6）.

[109] 荣志远. 区域人才资源开发与经济增长关系的实证研究——以甘肃省为例[D]. 兰州：兰州大学，2007.

[110] 曹德品. 浅谈历史比较法及其意义[J]. 科教导刊，2011（11）.

[111] 六盘水统计局. 六盘水市2019年国民经济和社会发展统计公报[EB/OL]. 2020-05-14 [2020-5-14]. http://tjj.gzlps.gov.cn.

[112] 六盘水统计局. 六盘水市2020年国民经济和社会发展统计公报[EB/OL]. 2021-01-26 [2021-1-26]. http://tjj.gzlps.gov.cn.

[113] 六盘水市交通运输局（2021）. 六盘水市交通局交通概况[EB/OL]. 2021-03-19. http://jtj.gzlps.gov.cn/jtgk.

[114] 六盘水市档案馆（2021）. 自然资源[EB/OL]. 2021-05-26. http://www.gzlps.gov.cn.

[115] 攀枝花市政府办公厅（2018）. 攀枝花市志（铁路篇）[EB/OL]. http://www.panzhihua.gov.cn/zjpzh/pzhsz/dbpjt/505192.shtml#kv.

[116] 攀枝花市政府办公厅（2018）. 攀枝花市年鉴—交通（2018）[EB/OL]. http://www.panzhihua.gov.cn/zjpzh/pzhnj/2018nj/1116419.shtml#kv.

[117] 阎放鸣. 论我国第二次成套设备的大引进[J]. 中国经济史研究，1988（1）.

[118] 马英民. 当代相关建设史上的创举——三线建设[J]. 北京党史研究，1997（1）.

[119] 六盘水市统计局,国家统计局六盘水调查队. 六盘水市2017年国民经济和社会发展统计年报[EB/OL]. 2019-4-15 [2019-04-24]. http://tjj.http://tjj.gzlps.gov.cn/tigb.

[120] 祖行. 图解易经[M]. 西安：陕西师范大学出版社，2007.

[121] 周文王. 易经[M]. 北京：北京大学出版社，1989.

[122] 老子. 道德经[M]. 北京：北京联合出版社，2015.

[123] 冯达甫. 老子译注[M]. 上海：上海古籍出版社，1991.

[124] Cardinal L. B., Sitkin S. B., Long C. P. Balancing and Rebalancing in the Creation and Evolution or Organizational Control[J]. Organization Science, 2004（15）：411-431.

[125] Eisenhardt K. M. Building Theories from Case Study Research[J]. Academy of Management Review, 1989（14）：532-550.

[126] Gertler M. Harold Innis and the New Industrial Geography[J]. The Canadian Geographer, 1993（37）：360-364.

[127] Hayter, R., Barnes. Innis' Staple Theory Exports and Recession: British Columbia 1981-86[J]. Economic Geography, 1990（66）：156-173.

[128] Hujuan L., Ruyin L., Hong C. Economic Transition Policies in Chinese Resource-based Cities: An Overview of Government Efforts[J].Enger Policy, 2013（55）：251-260.

[129] Michael E., Porter. The Competitive Advantage of Nations[M]. New York: The Free Press，1990.

[130] Miles M. B., Huberman A. M. Qualitative Data Analysis[M]. Thousand Oaks, CA: Sage，1990.

[131] Miller C. C., Cardinal L. B., Glick W. H. Retrospective Reports in Organizational Research: A Reexamination of Recent Evidence[J]. Strategic Management Journal,1997（40）：189.

[132] Robinson I. M. New Industrial Towns on Canada's Resource Fronties, Research Paper No 73[M]. Chicago: University of Chicago, Department of Geography.

[133] Yoffie D. B. Competing in the Age of Digital Convergence[M]. New York: The president and Fellow of Harvard Press，1997.

附录一　攀枝花学院学生在攀枝花市就业意向调查问卷

同学您好！我是攀枝花学院教师和泰国国立发展管理学院在读博士生，正在进行攀枝花学院学生在攀枝花市就业意向问卷调查。我承诺本次问卷内容只应用于研究及论文，无他作用。非常感谢您的合作！

1. 您的性别是：

A. 男

B. 女

2. 您的专业所属类别：

A. 理工类

B. 文科类

3. 你喜欢攀枝花市吗？

A. 非常喜欢

B. 比较喜欢

C. 喜欢

D. 不太喜欢

E. 非常不喜欢

4. 你将来如果有机会在这座城市就业，你会选择留下吗？

A. 肯定留下

B. 可能留下

C. 不确定

D. 不打算留下

E. 坚决不留下

5. 如果你选择离开,原因是(多选题):

A. 这个城市距离中心城市太远,发展空间不大

B. 不相信这座城市能够转型成功,不看好它的前景

C. 城市交通不便,没有高铁,进出不方便

D. 这座城市就业现状不好

E. 这个城市没有适合我的专业

6. 如果你选择留下,原因是(多选题):

A. 很看好这座城市未来的前景

B. 喜欢这个城市的气候与冬季的阳光

C. 学校在这座城市,就近就业机会多

D. 这个城市与本人所学专业对口

E. 如果在我毕业时这个城市通了高铁就选择留下

附录二 个人访谈记录（部分）

个人访谈记录重点内容之一

访谈主题：三线建设企业攀钢公司现状与未来潜力调查

访谈者：代璐遥、夏载明

受访者：攀钢集团公司公司级领导

访谈时间：2018年9月22日19时

访谈地点：攀枝花学院静明湖畔

1. 关于攀钢现状

访谈者：攀钢现在生产与运营的情况是怎样的？

受访者：攀钢现在的生产运营情况还不错，首先，得益于供给侧改革，国有企业通过环保措施，去了产能，推动了市场供求关系的变化，导致了钢铁价格坚挺，今年攀钢要创攀钢建厂以来最好的水平，大约几十个亿，因为前两年还亏损了几十个亿。其次，得益于3年前完成的人力资源改革，攀钢从8万人减少为5万人，减掉了3万人，这减少的3万人给攀钢带来了每年20多亿的人口红利。另外，国家提出的"一带一路"倡议，也帮助攀钢输出了一些产能，对改善攀钢的生产运营情况也起到了一定的作用。现在攀钢产品中重轨出口占全国的70%，主要是因为攀钢的钢材中包括钒，这种含钒的钢轨抗震耐磨和抗腐蚀的性能更强。这几年攀钢钢轨是国内唯一出口欧洲的免检产品。中国第一条高速铁路（从北京到天津）全线使用的都是攀钢的钢轨。中国青藏铁路使用的钢轨三分之二是攀钢的。

访谈者：攀钢产品的竞争优势在哪里？

受访者：攀钢由于地处中国偏远的西部地区，交通造价高昂，如果仅拿普通的钢铁产品进行竞争，不仅不具备任何优势，而且区位劣势十分明显。但是我们的最大优势在于我们有储量丰富的钒钛矿，因为我们的铁矿中含有大量的钒，这大大提高了我们钢铁制品的耐磨性和韧性，因此我们的产品具备了一般钢铁制品所不具备的优势。

2. 关于攀钢管理方面的改革情况

访谈者：攀钢公司这几年在内部管理方面采取了哪些改革措施？

受访者：攀钢作为一个国有企业，在改革中，借鉴了那些成功的民营企业的经营，在企业管理中推行了扁平化管理模式，减少了几乎一半管理岗位的设置。这次改革到目前为止已经完成，生产管理过程中的流程优化已经得以实现。

3. 关于攀钢未来五年的发展战略

访谈者：公司决策层对未来五年的战略设计与构想是什么？钒钛产品是否可能成为超越钢铁产品的公司支柱性产品？

受访者：未来五年，攀钢决策层不打算扩大钢铁的生产规模，而是打算着眼于产品的精加工。决定做大和做强钒制品和钛产品，因为钒和钛是我们的优势所在。例如，攀钢所生产的钢轨是我们的代表产品，其抗磨损和抗压能力都非常好，因此我们的产品远销国外，是中国同类产品中唯一的销往欧盟的免检产品。

4. 关于攀钢产业链延伸

访谈者：攀钢现在在产业链的延伸方面做了哪些工作？

访谈者：攀钢除了实体生产外，还努力在服务业和金融业进行了探索。例如攀钢打造了一个叫作"西部物联"的平台，已经成为中国西南地区最大的物联平台，它包括线上服务和线下服务。另外，攀钢也在金融上做了创新，我们也有自己的 P2P 平台，我们的 P2P 平台是非常可靠和负责任的。攀钢打算构建一个以金融为中心，产品+产业链的新型模式。攀钢在环保方面也做了大量的投资，每年大约投入 8 亿~10 亿人民币用于城市的环保建设。

个人访谈记录重点内容之二

访谈主题：三线建设企业攀钢公司现状与未来潜力调查

访谈者：代璐遥、夏载明

受访者：攀钢集团公司处级领导

访谈时间：2018 年 9 月 23 日 20 时

访谈地点：攀枝花学院静明湖畔

访谈重点内容记录：

1. 关于攀钢的现状与运营情况

访谈者：现在攀钢的生产情况怎样？

受访者：我是在攀钢矿业公司，是主要为攀钢钒提供铁矿石（包括铁矿和钛矿）的公司。现在我们公司总体的生产和运营情况很好，公司上下都在开足马力进行生产，一切情况很正常。

2. 关于攀钢的管理情况

访谈者：目前攀钢管理方面存在哪些困境？

受访者：我们攀钢的人事改革在三年前就完成了，作为老央企，还是存在管理方面的一些问题。我们三年前的改革是由于受到市场冲击，为了摆脱困境，节能增效，现在改革完成了，收效很大，但仍然存在一些问题，比如会出现一些专业岗位人员紧张问题，这种人员紧张是局部性的缺人，不是全面的，而是一些专业性很强的岗位缺人。因为这个原因，我们有些工序做不了，会外包给社会来做。

访谈者：三年前的改革裁员是怎么一回事？

受访者：那次改革是人员分流，主要包括三类：第一类，根据个人意愿，同意一部分人买断工龄。第二类，允许一部分人在提出申请的情况下提前退休。第三类，属于到了退休年龄，正式办理了退休。

访谈者：现在管理者与员工的关系怎样？

受访者：现在管理者与员工的关系越来越好。过去管理层太多，管理者和员工接触机会少，彼此关系比较紧张。现在，经过三年的改革，管理层次减少了，管理者与员工接触的机会就变得多起来了，关系也进一步融洽了。现在的管理队伍人数少，十分精干，几乎每一个管理者都有兼职工作。

访谈者：现在管理层与执行层之间的关系怎样？

受访者：过去管理层与执行层之间因为目标不一致，岗位范畴界定不清晰，给一些人钻空子的空间，辅助岗位太多，管理成本高，矛盾也比较多。现在经过三年改革，管理层和执行层的矛盾越来越少，因为现在的目标是一致的，岗位范畴界定更加清晰，多劳多得，各个岗位的职责十分清晰，辅助岗位也减少了，管理变得更加经济化，因此矛盾也越来越少了。

3. 关于引进人才情况

访谈者：目前攀钢引进人才的情况是怎样的？

受访者：攀钢每年都在引进人才，这些人包括博士、硕士、本科生，申请者中约 98% 能够进入攀钢。

4. 关于职工风貌情况

访谈者：现在攀钢职工总体风貌如何？

受访者：三年前人事改革，对生产绩效产生了积极的影响。职工在主观上变得想要多干活，因为与收入直接挂钩，多干活可以增加收入，所以职工的精神状态很好。

5. 关于攀钢原材料供应的情况

访谈者：攀钢矿业公司主要提供些什么？

受访者：我们只提供矿石，不提供煤。我们提供的是铁矿石，这些铁矿石里面包括钒和钛。攀钢使用的煤主要来自外地。本地有宝鼎煤矿，但自从与川煤集团合并后，就没有把当初攀枝花市成立时的战略定位（笔者：三线建设时期攀枝花的煤主要供应攀钢的生产）坚持下去了。

6. 关于企业未来发展潜力情况

访谈者：攀钢未来的发展还有哪些方面需要突破？

受访者：众所周知，科技是生产力，科技必须突破，企业才有未来。现在攀钢的情况是某些方面还需要比较大的技术突破，如研究钛方面的技术等，现在在钒的研究方面已经做得很好了，目前在世界已经处于领先地位，并因此在国际上拥有了自己的话语权和定价权。攀枝花市的钛储量世界第一，但技术方面还有很大的突破与发展空间。

访谈者：企业的未来潜力如何？产业链延伸的情况怎样？

受访者：攀钢具备资源优势，主要是钒与钛的储量丰富，是其他资源型城市不具备的。目前关键是在钛研究上面要做出技术方面的突破，目前我们已经有能力生产钛产品，但是成本太高，还需要做技术突破。

个人访谈记录重点内容之三

访谈主题：三线建设企业攀钢公司现状与未来潜力调查

访谈者：代璐遥、夏载明

受访者：攀钢集团公司贸易部一线销售员工

访谈时间：2018年9月24日21时

访谈地点：攀枝花学院静明湖畔

访谈重点内容记录：

1. 关于攀钢产品销售现状

访谈者：攀钢产品现在的销售情况是怎样的？哪些产品销量较好？

受访者：攀钢主要产品属于攀钢钒公司，包括钢轨、热轧板和冷轧板等。国外价格主要是由市场定的，国内价格是由国家铁道部定的。目前攀钢每年的钢轨要拿到国内50%的订单，这主要是因为攀钢产品的质量好。目前攀钢产品的销售情况非常好，价格比较好，利润也很丰厚。

2. 关于影响攀钢产品的外部因素情况

访谈者：你认为对攀钢产品销售影响最大的因素有哪些？

受访者：目前影响攀钢产品销售的因素主要是运输问题。攀枝花市地处交通十分不便的中国西南地区，由于地域区位劣势，运输问题是困扰攀钢产品销售的最大问题，它包括由于交通不便导致的运费贵和运力不足等问题。由于交通不便，原材料的运入和产品的运出都极大地增加了产品的成本，目前攀钢的运输只能依靠铁路，这对攀钢产品的销售影响极大。如现在攀钢生产所需要的煤基本都是靠从外地购买，攀钢一年煤的采购量大约1千万吨，导致了销售成本的增加。

3. 关于攀钢在过去的五年中所经历的困境情况

访谈者：在过去的5年中，攀钢在销售中经历的最困难时候的情况是怎样的？

受访者：攀钢最困难的时期在 2013—2015 年，尤其是 2014 年，平均生产每吨钢的成本是 2200 元左右，而每吨钢材的市场销售价格却仅有 1870 元左右，这意味着每卖出一吨钢材就要亏损 300 到 400 元人民币。那几年攀钢的亏损情况十分严重，为了渡过难关，攀钢普通职工的工资被扣去了 15%，管理干部平均被扣去了 30%。攀钢真正从困境中走出来的时间大约是在 2015 年年底到 2016 年年初。

访谈者：你认为导致攀钢转亏为盈的主要因素有哪些？

受访者：我认为主要是国家政策的原因：第一，国家出台了政策，对钢铁产量进行调控，严令限制钢铁产能过剩的问题，如，国家政府相关管理部门对国内最大的两大钢铁产区——河北钢铁产区和山东钢铁产区的钢铁产量加以限制，降低了钢铁的市场产量，从而减少了钢铁的总体产量，缓解了过去供大于求的状况。第二，政府严令禁止"地条钢"的生产。"地条钢"是指把普通的废钢或钢渣，经过简单加工制成的钢材。这种"地条钢"的质量极差，用这种钢材建造的房屋基本上都是危房，建造的桥梁也极容易垮塌。仅在攀枝花市一个地方，政府就打掉了五六十家"地条钢"生产厂家。第三，为了应对钢铁产能过剩的问题，国家曾出台政策，促使钢材降价，推动了一轮大规模的钢铁行业的洗牌，导致一些经营状况差的企业关闭。在这一轮的洗牌中，一些优秀的民营企业率先走出困境，随后一些潜力巨大的国企也逐渐走出了困境。

4. 关于未来攀钢生产发展的潜力

访谈者：从您岗位的角度看，您认为攀钢在未来5年中产品发展的潜力和方向应该是什么？

受访者：我认为未来5年总产量不变的情况下，不断提高产品质量，开展产品优化和产品深加工，不断增加产品的附加值，应该是攀钢产品未来的发展方向。现在攀钢生产的钒钢（含钒的钢）在全国占了40%，是攀钢的拳头产品，拥有定价权，今年攀钢靠钒产品获得了巨大的收益。最近5年，攀钢会非常重视钒制品的生产，加大钛白粉和硫化钛的生产。与此同时，攀钢还在成都展开了物流和金融方面的业务，并希望打造好这一片平台，争取在短时间内上市。

个人访谈记录重点内容之四

访谈主题：攀枝花市政府在城市转型过程中存在的问题和对策

访谈者：代璐遥、蒙丹

受访者：攀枝花市政府部门工作人员

访谈时间：2019年2月1日11时30分

访谈地点：攀枝花市某政府部门办公室

访谈过程：

1. 关于基层工作问题

访谈者：攀枝花市在转型中存在哪些问题？

受访者：现在基层工作人员的工作比较繁重，一个重要的原因在于重复性的工作太多。主要是在向上一级汇报工作时，做的大量工作报表是重复的，有时一份报表需要做十几份，这就意味着要报给十几个不同的上级部门。有些报表是没有必要的，造成了大量人力资源和时间成本的浪费。这些问题一直存在，但近几年比前几年好一些了。基层工作很烦琐，有一些是没有必要的，基层人员设置比较紧张，工作量也比较大。

2. 关于政府服务意识的现状

访谈者：现在政府在服务质量方面的情况是怎样的？

受访者：现在比以前好很多，尽管在管理中偶尔会出现一些小问题，因为一线工作人员特别是在服务于大众的窗口的工作人员，每天要面对几十甚至上百的办事群众，偶尔会表露一点小情绪，毕竟人不同于机器，不过这种情况现在总的说来是比较少见的。

访谈者：发生冲突时通常是怎么解决的？

受访者：首先是处理工作人员。为了避免冲突，政府还对工作人员的行为做了一些要求和规定。

访谈者：政府在从管理型政府向服务型政府转变的过程中做得怎样？

受访者：政府在这方面做得还不错，现在政府的服务意识越来越强了，在服务过程中有完善的制度，如"一口清"（即一次性把办事时需要的手续说完整，不让办事群众重复跑路）的规定。另外，政府还设置了"行政审批局"，都是为了让老百姓少跑路。

3. 关于工商管理部门和市场监督

访谈者：在工商管理方面，政府是否有专门的机构设计以防止腐败？

受访者：行政工商方面通行的是"一审一核"的制度，这一制度设置对于防止出现一般性的问题是足够了。现在工商管理局与食品药品监督局以及质量技术监督局三家已经经过整合，合并成了"市场监督管理局"，机构经过整合后，效率更高了。

访谈者：现在办公司的手续是不是比原来简单多了？

受访者：是的，现在办公司从手续上看比以前简单许多，只要材料齐全，就可以办理。

访谈者：这些相对简化的程序规定对于城市转型有什么帮助吗？
受访者：此类低门槛和简化了的手续，显示出了政府更大的包容性，能够使更多的市场主体有更多的机会合法合理地从事经营活动。这些对改善老百姓生活、解决就业方面都是有好处的。
访谈者：在工商管理方面是否存在违规操作？
受访者：违规的情况过去有，现在已经比较少见了。现在法律越来越健全，所以情况越来越好。比如说收费问题，过去有收费，但比较低，现在完全免费了，甚至工本费都不收了。
访谈者：据说现在办公司的门槛低了？
受访者：是的，过去办公司有注册资金的规定，自从2015年《公司法》修改后，关于注册资金的规定，由"实缴制"转变为"认缴制"，情况发生了较大的变化。其中"实缴制"（实际缴纳制度），是指要办公司前，需要到银行存入在规定数额之上的存款，然后找到专业机构的会计事务所验资，出具"验资报告"，再拿着"验资报告"去工商部门办理相关手续。而"认缴制"则是指并不需要出局这份"验资报告"，只需在相关部门办理手续时提出"认缴承诺"，如提出我认缴一百万，即保证在认缴期内有这么多钱，这个认缴金额只是在出现法律纠纷时，需要使用这一认缴金额承担赔偿、抵押等义务。通俗地讲，老百姓没有存款也可以办公司。另外，办理这些手续现在是不收费的，很多年以前就不收费了。

4. 关于机构整合

访谈者：目前政府机构整合的情况是怎样的？
受访者：这一轮政府机构整合是从2018年开始的，规定在2019年3月前结束。目前国家一级的机构整合已经完成，攀枝花市一级也已经完成。与工商管理部门相关的整合主要是把工商管理局与食品药品监督局以及质量技术监督局（主要负责办理机构代码）整合成"市场监督管理局"。其实，在市级以下的基层部门以往早就整合了。过去基层到市里办事需要找到许多不同的部门去办，很复杂，现在不同了，整合后的机构更加集中，至少基层工作人员只用找到对口的部门去办事就可以了，节省了不少的精力，办事成本降低了，时间成本也降低了。

访谈者：上海自贸区实验中针对"行政许可证"进行了大胆的尝试，那么"行政许可证"是怎样一回事？

受访者："行政许可证"包括"前置许可"和"后置许可"。"前置许可"是指在办公司前需得到政府许可，目前只针对一些特殊行业才做这样的要求。"后置许可"则是指事前不需要得到许可，只需要做一个登记即可，现在大多数行业都是适用于"后置许可"。其实许可证也是一项中国特色的一种政府治理模式，毕竟中国人口比较多，竞争比较激烈，管理也有一定难度，所以是可以理解的。

访谈者：结构调整的方案出来了，未来结果会怎样？

受访者：整合方案出来，政策也落地了，至于实施效果目前还不清楚。毕竟，以往的政府机关也经历过许多次分分合合，而机构变化后的效果也各有不同。

5. 关于官本位现状

访谈者：关于领导作风问题，也就是官本位情况，现在政府机关是否存在？

受访者：这一点比较以往有了较大的改善，现在比较重视干部队伍的年轻化，政府部门对于年轻人也比较重视，特别是很多重要岗位也是由年轻人担任，所以，这一点改善还是比较大的。

访谈者：这种干部队伍改善是不是主要发生在习主席就任以来？

受访者：是的，习主席上任以来采取了一系列举措，尤其是反腐倡廉的举措，对干部队伍的影响极大，这一系列举措使政府在老百姓中的形象得到了非常大的改善。

6. 关于攀枝花交通

访谈者：攀枝花市交通问题对攀枝花市城市转型的影响大吗？

受访者：非常大。攀枝花是资源型城市，资源丰富，但交通状况不理想，无论市内还是市外都存在出行难的问题。市内交通拥堵严重，这跟攀枝花的地理状况有关，本身就是山区，公路交通受到地形的限制，很难拓宽。市外交通方面，平时购买火车票离开城市都有一定难度，更不用说节假日了。另外市内郊区的公路路况也不理想，管理也不是很好，道路年年都在修，修的质量也不好，一些超重的大货车压过之后，很快就坏了。乡村"村村通"公路倒是很多年前就做到了，只是路的质量都不太好。

访谈者：那么你认为攀枝花市是否有能力自己出资修高铁，或是彻底改善市内交通状况拥堵的现象？

受访者：不太可能，市里没有能力修高铁，修高铁的造价太高。而市内的公路交通造价也不低，所以也应该没有这个能力。

7. 关于民主党派的影响力

访谈者：我先总结一下今天的访谈内容。首先，现在政府领导作风有了较大改善；其次，攀枝花最需要解决的问题是交通问题；最后，政府在程序设定上有比较多的重复，加上基层人员安置比较紧张，所以工作压力比较大，对吗？

受访者：是的。

访谈者：那么您认为民主党派可以在攀枝花市城市转型中发挥怎样的影响力？

受访者：民主党派集中了社会各界的精英人才，可以发挥自身优势，因为他们比普通人多一些渠道，可以把自己的想法传递给政府部门，很多合理化建议可以得到很快落实。

个人访谈记录重点内容之五

访谈主题：攀枝花市政府在城市转型过程中存在的问题和对策

访谈者：代璐遥、蒙丹

受访者：攀枝花市政府部门工作人员

访谈时间：2018年5月10日11时30分

访谈地点：攀枝花学院静明湖畔

访谈过程：

1. 关于城市转型问题

访谈者：攀枝花市政府在转型过程中做了哪些工作？

受访者：攀枝花市已经充分意识到了转型工作的必要性，很早就下达了任务，在这方面要求我们做了非常完备的宏观战略规划，也提出了打好"钒钛"和"阳光康养"这两张牌。

访谈者："打好钒钛和阳光康养这两张牌"这一说法怎样被提出来的？

受访者：作为一个资源型城市，要想有一个比较好的未来，城市转型是必然的选择。而攀枝花市与东部地区的许多城市不同，建市的时间不长，缺乏深厚的历史文化底蕴。为了找到攀枝花未来发展的亮点，经过深思熟虑，我们发觉我们只能依靠"脚下的土地（钒钛）"和"头顶的蓝天（阳光）"。于是提出了"打好钒钛和阳光康养这两张牌"的口号。

访谈者：目前这两张牌落实的情况怎样？

受访者：目前政府十分支持阳光康养产业，这一产业还处于政府前期投入阶段，主要是民营企业在做，政府会给从事这项经营的人一定数量的补助和鼓励政策。目前政府还出于贴钱阶段。而钒钛产业方面更多还停留在前期战略阶段。

2. 关于攀枝花城市转型中存在的问题

访谈者：目前攀枝花在城市转型中还存在哪些问题？

受访者：攀枝花市在乡村治理方面还存在着一些问题，如乡村的"空心化"问题十分严重，乡村基本上见不到什么年轻人了，只剩下了老人和孩子，这必然对乡村治理造成比较大的负面影响，我想这对于攀枝花市的转型发展还是有一定的影响的。

个人访谈记录重点内容之六

访谈主题：攀枝花市政府在城市转型过程中存在的问题和对策

访谈者：代璐遥、蒙丹

受访者：攀枝花市政府部门工作人员

访谈时间：2019年2月1日11时

访谈地点：攀枝花市某政府部门办公室

访谈过程：

1. 关于攀枝花市的交通

访谈者：攀枝花交通对城市转型的影响是怎样的？

受访者：攀枝花市的交通需要突破，这是重中之重的问题。攀枝花要实现高质量发展就必须突破交通问题。现在攀枝花虽然有了飞机，也打通了通往成都、北京、西安、深圳、上海、武汉的飞机，下一步还打算打通沈阳的路线，但是对于普通人而言，飞机出行的造价太高，并不适合。只有打通成昆复线或者高铁，才能最终解决攀枝花人出行难的问题。毕竟历史原因造成的攀枝花区位状况不可能改变，如果交通得到改善，连接上昆明的高铁网，攀枝花市将可能变劣势为优势，成为西南地区通往南部地区的桥头堡。

2. 关于经济发展现状问题

访谈者：攀枝花经济现状对城市转型的影响是什么？

受访者：历史原因造成了攀枝花国有企业攀钢一家独大的现象，但是现在攀枝花市民营经济发展的大方向是不错的。现在政府阳光廉政做得也不错，为民营企业营造了一个较好的环境。

3. 关于民主党派影响力问题

访谈者：在城市转型过程中，民主党派能发挥多少影响力？

受访者：民主党派集中了各界精英，对智库建设、参政议政、建言献策都有较大影响力。尤其是民主党派人士可以通过社情民意、直通车等途径把发现的问题和想法直接通过打报告的方式传递到市委书记那里。如果建议合理，尤其是一些与老百姓生活相关的具体小事，几乎很快就能被转化为现实成果，如"公厕革命"这件事。

个人访谈记录重点内容之七

访谈主题：攀枝花市阳光康养产业现状与前景调查

访谈者：代璐遥、蒙丹

受访者：攀枝花学院中国特色社会主义继续教育学院办公室主任，攀枝花学院阳光康养产业课题研究组课题主持人

访谈时间：2018 年 9 月 26 日 16 时

访谈地点：攀枝花学院中国特色社会主义继续教育学院办公室

访谈过程：

1. 关于攀枝花市阳光康养产业的现状

访谈者：攀枝花市阳光康养产业发展的现状是怎样的？

受访者：攀枝花市阳光康养产业目前已经引起了普遍重视，准备打造成攀枝花市的两张名片，一张是钒钛名片，一张是阳光康养名片。现在攀枝花市阳光康养产业的名气已经打出去了，不久前我去北京出差，就连北京的专家都对攀枝花市阳光康养产业的情况有了一些了解，说明攀枝花市的阳光康养产业在宣传方面做得很不错。攀枝花市阳光康养产业的情况是仅去年（2017 年）从全国各地来到攀枝花市康养的人数就达到了 12 万到 15 万，可以说这一产业基本走上了正轨，现在有一种提法是"北有北戴河，南有攀枝花"。

2. 关于攀枝花市阳光康养产业发展面临的困境

访谈者：攀枝花市阳光康养产业发展面临哪些困境？哪些问题亟待解决？

受访者：攀枝花市阳光康养产业发展所面临的困境，第一个就是交通不便。目前攀枝花市没有高铁，只有火车和高速公路，虽然有飞机，也只有一个中型机场，乘坐飞机出入十分不便，例如，要坐从北京到攀枝花的飞机，凌晨 4 点就要起床，中午 12 点才能到达，中途要飞行 6 个小时，更别说乘坐火车了，从北京到攀枝花要乘坐近 50 个小时的火车。第二个困境就是内部基础设施滞后。目前攀枝花市市区的交通还是比较方便的，但是市区之外就十分不理想了。例如，前往阿署达（访谈者注：攀枝花市一个旅游景点的名称）就没有班车；另外，从二滩到渔门镇、国胜乡、格萨拉这些地方的自然风光都非常美，交通状况却很不理想，很多地方都是许多年前修的旧公路，路况很差。能够让老年人流连忘返的景点，交通状况大多不理想。

3. 攀枝花阳光康养产业的潜力状况

访谈者：攀枝花阳光康养产业未来的发展潜力如何？

受访者：攀枝花阳光康养产业未来的发展潜力很大。因为中国已经进入老龄化阶段，北方很多地方并不适应老年人过冬，攀枝花的气候条件正好能够满足老年人冬季到这里过冬的需求，因此攀枝花阳光康养产业在未来是拥有较大发展潜力的。

访谈者：攀枝花阳光康养产业是否具备与钢铁或钒钛产业一样成为攀枝花市支柱性产业的可能性？

受访者：虽然攀枝花阳光康养产业在未来拥有较大的发展潜力，但这是一种"半年经济"（又称"候鸟式养老"），即每年的十一月初到次年三月底老人们才会来到这里度假，其余时间不会产生经济效益。另外，老年人的消费能力并不强，需要的城市服务方面（如医疗服务）的投入却很大，产生的经济效益十分有限，除非是其子女陪同前往。因此，攀枝花阳光康养产业是否能够成为攀枝花市支柱性产业还有待进一步考察。

4. 对攀枝花阳光康养产业的建议

访谈者：你认为如何才能更好地推动攀枝花市阳光康养产业的发展？你有哪些建议吗？

受访者：我的建议包括：第一，改善交通。一方面尽快开通成都和昆明通往这里的高铁，另一方面改善市内交通，改善所有通往各大景区的高级公路现状。第二，打造几个能够让老年人留下来的景点。这些项目应该包括大黑山的开发，二滩湖面的利用，特色农业的观光，等等。第三，可以请一些高水平的康养老人搞一些讲座，增加攀枝花市城市的魅力。总之"留住客人"才是攀枝花阳光康养产业的长久发展之道。

<h3 style="text-align:center">个人访谈记录重点内容之八</h3>

访谈主题：攀枝花市阳光康养产业现状与前景调查

访谈者：代璐遥、蒙丹

受访者：攀枝花学院中国特色社会主义继续教育学院办公室主任，攀枝花学院阳光康养产业课题研究组课题主持人

访谈时间：2018年12月25日10时

访谈地点：攀枝花学院中国特色社会主义教育学院办公室

访谈过程：

1. 关于攀枝花市阳光康养产业的条件

访谈者：攀枝花市有什么得天独厚的条件发展阳光康养产业？

受访者：在传统的认识中，攀枝花是一个偏远的、自然条件不好的、落后的城市，所以认为攀枝花市不适合发展传统意义上的旅游业。但实际上，我们如果打开思路，就会发现攀枝花市有许多得天独厚的条件发展康养旅游业。在攀枝花市发展康养旅游也有一些自己的优势，比如目前在攀枝花市有一种"六度禀赋"的说法，它们包括：第一，海拔高度。众所周知，一般适合人类生存的海拔多在1000米到1500米之间，这一海拔高度有利于人的心脑功能、肺功能、造血功能以及睡眠的改善，是有利于大脑健康和身体长寿的，而攀枝花市恰恰就在这个范围之

内。第二，温度。医学研究证明，对人而言，体感最适宜的温度是 18～24℃，攀枝花市年平均温度在 20.3℃，冬无严寒，夏无酷暑。第三，湿度。原来一直认为攀枝花市是比较干的，属于亚热带干热河谷气候,但实际上人体最适合的湿度并不是越湿越好，攀枝花市正好处于最适宜的区间。这对于风湿性关节炎有较好的疗效。第四，空气洁净度。攀枝花市 PM2.5 浓度低，特别适合呼吸系统疾病患者静养。第五，优产度。攀枝花市是四川省唯一的亚热带水果生产基地，这里的特色优质水果四季不断，比如攀枝花的芒果在全国都有知名度，它生产的纬度最北、海拔最高、成熟最晚、品质最优。第六，和谐度。攀枝花市人口 98%都是从全国各地汇聚而来的，传统意义上的地方保护主义思想在这里比较弱，攀枝花人的包容度比较高，攀枝花人为人也比较热情。因此，可以说，攀枝花"六度禀赋"的特点很适合开发阳光康养旅游业。

2. 关于攀枝花市阳光康养产业与发展旅游业的关系

访谈者：发展攀枝花市阳光康养产业怎样才能与发展旅游产业结合起来？

受访者：提到阳光康养产业很容易使人想到一群老年人到这里住着晒太阳，这是一种直观的理解。其实，不管老年人还是其他年龄层的人都应该是攀枝花市阳光康养产业的客户源。但是他们的需求不一样，针对他们的项目也就不一样。如果攀枝花市的阳光康养产业只是让客户住着晒太阳，那就太单调了。所以从长远看，发展阳光康养产业需要把旅游当作一个核心内容来发展，也就是人来了，住下来后，要有地方玩，吃的也要有特色。因此，要发展阳光康养产业，旅游业也是一个重要的方面。传统观点认为攀枝花市没有旅游资源，我认为这一观点是有局限性的。有创新思维，站在创新的角度，攀枝花市还是有旅游资源可以开发的，如民族文化。攀枝花市地处藏彝文化腹地、金沙江流域，这里少数民族的数量并不少，如彝族、苗族、傈僳族等，他们拥有众多的自然人文景观和独特的村落，属于多元文化共存的情况。比如我们已经申请的各级各类非物质文化遗产项目，如仁和的"板凳楼"、阿署达的"打跳舞"，还有平地特别有名的迤沙拉的"礼扑谈经古乐"，这是可以与丽江的"纳西谈经古乐"相媲美的。这与"大理洞经古乐"是同源的，但它有自己的特点。很多人形容它们听上去有种仙风道骨的感觉。另外，攀枝花市是一座重要的工业城市，恰恰可以发展"大工业探奇"的旅游项目，如我们攀钢的"象牙微雕钢城"、大渡口十三栋、渡口吊桥、兰尖矿等三线发展过程中的工业遗产。对很多人来说，这些都是传说中的东西，没有直观的感受，若是看见了，一定会被震撼的。其中如象牙微雕工程就是在 2.5 平方千米的地方建设起了一个钢铁厂，简直很难想象，它是依山而建的现代化钢铁城市，它是超越很多人生活经验的，这些完全可以拿出来当作旅游项目。此外，还有攀枝花市休闲观光农业，很适合特色农产品的生长，因此可以大有作为。目前，对于攀枝花市的自然景观，攀枝花市的宣传是远远不够的，例如二滩国家森林公园，面积很大，非常独特，有很多天然动植物。

3. 关于攀枝花市政府发展阳光康养产业的规划问题

访谈者：攀枝花市政府在发展阳光康养产业方面有哪些规划？

受访者：因为攀枝花市提出要创建"中国阳光康养产业示范区"，所以现在市政府提出了"康养5个+"的规划，也就是"康养+农业""康养+工业""康养+旅游业""康养+医疗""康养+运动"。实际上就是把康养与城市现有的一些产业结合起来，比如"康养+农业"就是把特色农业与康养结合起来，打造特色农业的品牌；又如"康养+工业"就是引导钢铁、钒钛、机械制造向康养方向延伸，制造出高品质的钒钛材料的医疗器材等；再如"康养+运动"，攀枝花市的海拔条件很适合一些特殊的运动，如我们正在做的一些户外马拉松、自行车比赛，这些都已经引入了国际赛事。此外，还包括一直比较有名的米易水上运动和攀枝花市一直比较强的少年棒球比赛等。政府在工作报告中提供了很多这方面的思路。

4. 对攀枝花市阳光康养产业的建议

访谈者：你认为如何才能更好地推动攀枝花市阳光康养产业的发展？你有哪些建议吗？

受访者：我认为阳光康养是一个全新的思路，要根据自身的特点来创新，同时做好前期的研究工作。我个人认为阳光康养不仅仅是身体的康养，还应包括心理的康养，除了给予老人物质的支持，还应该给予老人心理上的支持。我研究的专业是心理学，所以个人很关注阳光康养心理健康这一块儿，我认为应该把这一方面作为一个重要的内容加以研究，研究成熟后，可以放到机构中和企业中具体实施，并作为一种模式加以推广。目前我们学校阳光康养产业也做了老年人康养心理方面的项目，我建议他们把康养专业的学生心理支持和心理辅助业务结合起来，把学生的心理咨询室和心理实训基地（实验）结合起来。目前他们已经开始做了，但做到什么程度没有定论。

个人访谈记录重点内容之九

访谈主题：攀枝花市三线遗产保护现状与前景调查

访谈者：代璐遥、蒙丹

受访者：攀枝花学院中国特色社会主义继续教育学院历史教研室主任，攀枝花学院三线文化遗产保护研究课题主持人

访谈时间：2018年9月25日16时30分

访谈地点：攀枝花学院中国特色社会主义继续教育学院办公室

访谈过程：

1. 关于攀枝花市三线建设文化遗产的内涵

访谈者：你的三线文化遗产研究主要是针对哪些方面展开的？

受访者：我的三线文化遗产研究主要是针对三个方面展开的：第一，家国情怀视野下的三线研究；第二，忧患意识视野下的三线建设研究；第三，传统文化视野下的三线研究。把三线建设与中国的传统文化联系在一起，尤其是儒家文化、道家文化、墨家文化，以及现代民族精神中的爱国主义、勤劳勇敢、团结统一等内容，从古到今串联起来，分成联结历史、映照现实和嫁接未来三个部分进行思考和设计。

访谈者：攀枝花市三线建设文化遗产的内涵包括些什么？

受访者：就攀枝花三线建设文化的内涵而言，主要包括团结协作、团结统一、勇于创新等方面的内容。目前国内关于三线建设的内涵还没有一个统一的定论，但大致都包含艰苦创业和勤劳勇敢等内容。

2. 三线建设对现实的影响力

访谈者：三线建设精神对现实有哪些影响力？

受访者：三线建设精神对现实的影响力包括对城市的转型有着较大的

影响力，比如说城市的转型需要创新、协作、敬业等精神，这些精神在三线建设中都有非常充分的体现。总的来说，三线精神对现实的影响就是对城市精神的重塑、再现、浴火重生和凤凰涅槃，是对城市精神本身的推动与发展，这是我们通过对三线精神初步挖掘得出的一个结论。

访谈者：三线精神除了正面的影响，是否还有一些其他方面的影响？

受访者：三线精神中讲团结、协作和奉献等内容在今天会有一些新的发展，这使今天的一些"90后"的年轻人对当年的一些精神不太理解，如"献了青春献终身，献了终身献子孙"等内容。可能我们更需要在过去的三线精神和今天的新时代发展中找到一个契合点，如何把这种文化遗产转化为现实地推动城市发展的精神力量和物质财富，这是亟待我们加强研究的。

3. 关于攀枝花市三线建设文化遗产的价值与潜力问题

访谈者：您认为攀枝花市三线建设文化遗产的价值与潜力有多大？能不能做一下评估。

受访者：关于攀枝花市三线建设文化遗产价值与潜力的评估有一些难度，从我的角度看，三线建设文化遗产价值与潜力的评估与我们的文化软实力关系密切。2017年中共十九大报告中提出中国优秀传统文化创造性地发展与创新性的一种转化，创造性地发展与创新性地转化就会涉及三线精神，三线精神同样会涉及这一点，比如说，国防文化我们应该怎么去做？行业文化我们应该怎么去继承？地域文化我们应该怎么去尽可能地融合？移民文化我们应该怎样去看待？这四个文化本身就是三线文化要义的一部分，把这四个文化处理好了，我们就会对三线精神价值有一个更高水平的评估，也能更合理地看待。

4. 对挖掘三线精神文化价值的建议

访谈者：您认为如何才能更好地挖掘三线精神文化的潜力，并使它的价值最大化？请谈一下您的建议。

受访者：我个人的建议就是：第一，从国家层面上讲，要重视三线精神这方面的研究，目前虽然有这方面的国家社科基金立项，但还是偏少，不像其他一些方向的研究，如火如荼，雨后春笋般出现。如社会主义核心价值观、中国传统文化等方向的研究是比较丰富的，而这一方面还是一个理论上的薄弱点。只有国家重视，市政府才会随之而动。第二，从地方政府的层面看，尽管攀枝花市政府对这一方面是比较重视的，但是我认为还有提升的空间。第三，学术界的重视还是不够的。我认为高校、党校、科研机构应该行动起来，形成一个合力，共同把三线建设、三线品牌做好。在这一方面我们攀枝花学院已经走到了全国的前面，我们有一门课程就是"三线精神、三线历史与三线文化"，即将对学生开放。我们从一个点，做到一个线，争取做到一个面。至于我们将会做到一个什么程度，目前还很难说，我们只有不断努力去做，努力开拓，争取做到更好。

个人访谈记录重点内容之十

访谈主题：攀枝花市三线遗产保护现状与前景调查

访谈者：代璐遥、蒙丹

受访者：攀枝花学院中国特色社会主义继续教育学院历史教研室主任，攀枝花学院三线文化遗产保护研究课题主持人

访谈时间：2018年12月25日9时30分

访谈地点：攀枝花学院中国特色社会主义教育学院办公室

访谈过程：

1. 关于攀枝花市三线建设文化遗产的保护现状

访谈者：攀枝花市三线建设文化遗产的保护现状是怎样的？

受访者：现在全国范围内三线文化遗产保护还只是一个初步的开端，工作做得不太扎实，保护力度不大，先是做了一些三线遗产清点工作、立档、归档、测量等。其次，工业遗产后期的保护与利用做得比较弱，第一是因为攀枝花市的经济实力比较弱，第二是因为文化遗产本身存在一些潜在的问题，比如三线遗产涉及的内容比较多，对于哪些需要保护起来还没有一个清楚的界定。如果从宏观的角度讲，攀枝花市这整座城市都需要保护起来，因为这座城市就是因为三线建设才开始建立的。所以我们需要选择保护哪些，而对于那些不那么重要的，可以选择放弃保护，使之被历史淹没。目前有一个好的现象就是攀枝花市政府看到了攀枝花市三线建设对于攀枝花文化根源的影响，攀枝花文化的根要从攀枝花市历史中去找，也就是要从三线建设的历史中去寻找。这是一种觉醒，目前市政府正在从三线建设精神文化遗产保护各个方面尝试发掘攀枝花市的三线文化精神，努力把它建成全省乃至全国的文化高地。

2. 关于攀枝花市三线建设文化遗产保护中存在的问题

访谈者：攀枝花市三线建设文化遗产保护中存在哪些问题？

受访者：首先我们要弄清楚：三线文化遗产包括哪些？三线精神文化遗产包括哪些？三线建设工业遗址包括哪些？我们要做好梳理工作，目前我们做了一些，但还不是很好。我们目前做的工作包括建设了一个国家的三线建设博物馆，目前对于攀钢的一号高炉、大渡口十三栋、大田会议遗址、502 电厂的保护应该怎么做？怎么保护？是圈起来，用围墙加固，还是通过深度文化旅游开发加以利用？到目前为止，都还没有一个好的思路。

3. 关于攀枝花市三线建设文化遗产保护转化为旅游资源的潜力

访谈者：攀枝花市三线建设文化遗产保护转化为旅游资源的潜力有多大？

受访者：三线文化遗产属于中国共产党领导下的社会主义文化建设的一部分，属于红色文化。目前全国红色文化遗产研究开发与利用正处在高潮期，攀枝花市是中国三线建设的龙头，也是当年以毛泽东同志为核心的党中央最为关心的地方，所以如果要把三线建设精神文化传承下去，攀枝花肯定是根，从这个角度寻求突破点，可以发掘出攀枝花本身的文化潜力。另一方面，把攀枝花三线建设作为一个旗帜树立起来。现在我们正在与四川省旅游局、攀枝花市旅游局共建三线建设创新发展基地，同时我们还与攀枝花市旅游局、南开大学文理学院合作共建红色资源创新开发基地的攀枝花分基地（三线建设旅游资源属于红色旅游）。攀枝花作为阳光康养城，必须要有文化底蕴，才能让人感受到文化的品质，所以从这个方面来说，攀枝花三线建设在全国是独一无二的，无论是它的独特性还是历史定位，都具有自己的特色，后面要做的就是怎样进行规划的问题，怎样与康养这张牌结合起来的问题。由于我们所处的地理位置有着区位劣势，因此在人们前往这里康养的时候，顺便把三线建设文化引荐给他们，这种结合是一种不错的选择。

4. 关于攀枝花市三线建设文化遗产保护的建议

访谈者：关于攀枝花市三线建设文化遗产保护，你有什么建议？

受访者：攀枝花市遗产保护的核心内容就是工业遗产的保护，我认为首先应该建档，因为如果不保护，很多遗产就会消失。目前我们与四川大学共同申报了一个"中国三线建设历史资料收集整理研究"的国家课题。这个课题设计了三线建设的遗产保护、档案资料建立、口述史等，重要的是先要建立一个档案。其次应该建立一个三线建设资料库，把它们做成档案，供研究者利用。对于这些工作，我们要有紧迫意识，包括三线建设的口述史部分，因为很多参与建设的人已经很大岁数了。总之，我们不仅要把物质遗产保留下来，还要把参与三线建设这一代人的精神面貌保留下来，这样才是一个完整的三线建设文化遗产。

个人访谈记录重点内容之十一

访谈主题：六盘水市城市转型发展现状

访谈者：代璐遥

受访者：六盘水市盘江县前副县长（该受访者 5 年前任该职，现已调离该职位）

访谈时间：2019 年 4 月 2 日 20 时 9 分

访谈方式：电话访谈

访谈过程：

1. 关于六盘水市五年前发展状况

访谈者：六盘水市五年前发展与转型的状况是怎样的？

受访者：六盘水属于三线建设，当年始于攀钢配套的，是三线资源型城市，主要是生产煤炭。这个城市总的来说资源很丰富，煤的品相很好，在我的认知范围内，煤的品相是最好的。

访谈者：六盘水市煤的储量现状是怎样的？

受访者：六盘水市目前煤的储量还比较大，估计用几十年没有问题。

访谈者：六盘水市五年前生产状况是怎样的？

受访者：它的生产状况比较正常，因为资源禀赋条件比较好，煤层厚，开采条件比较好。

访谈者：六盘水市煤的开采效率是怎样的？

受访者：效率是由资源条件决定的。资源条件好的，可以进行大规模的机械化开采；如果煤层薄的，就没有使用机械化，但它们仍在改进中。

访谈者：你在六盘水的时候，市政府对于企业发展起到怎样的作用？

受访者：政府对于企业大方向还是起到了促进作用，但是效率和安全是一对矛盾，众所周知，强调安全会在一定程度上影响到效率。

2. 关于城市转型困境问题

访谈者：这个城市还是以资源为主吗？在转型吗？

受访者：五年前这个城市想转型，但是有些难，主要是基础条件不好，市内外交通和城市环境都存在一些问题，环境卫生还不是很理想。

访谈者：这个城市转型状况是怎样的？

受访者：五年前这个城市的转型状况并不理想，曾在引进人才方面做了一些努力，但是由于交通环境等问题，高科技人才不愿意进来。

访谈者：五年前这个城市除煤炭外，其他产业的状况是怎样的？

受访者：五年前市政府一直在做旅游产业，但不太理想，加之煤炭产业对地域环境的负面影响，旅游产业状况并不太好。

访谈者：在城市转型方面存在哪些困境？

受访者：主要是观念问题，老百姓的观念比较落后，在推进城市转型和扩大生产方面受到老百姓的阻力还比较大。

访谈者：管理层方面的观念转变是否也存在问题？

受访者：是，管理层方面在转变观念上的引导工作做得还不够，没有使老百姓明白：只要转变了观念，实现了转型，城市发展起来了，老百姓自然就会获得实惠。目前老百姓还是只看到眼前利益，看不到长远利益。

3. 关于转型方面的建议

访谈者：在转型方面，你有什么建议？

受访者：首先要转变观念。其次要引进高科技企业，要给予优惠条件和好的政策。再次就是要保持政策的连续性。另外，这个城市的气候条件其实不错，很凉快，对于高科技企业使用的服务器散热方面，可以节省不少资金的投入。

4．关于六盘水市煤炭产业之外的其他产业状况

访谈者：这个城市在旅游产业开发方面情况是怎样的？

受访者：这里旅游业开发的特色不太明显，少数民族以彝族为主。

访谈者：六盘水市的农业状况如何？

受访者：农业天然的禀赋比较差，以山地为主，耕种条件艰苦，缺少连成一片的大块土地，不太适合发展农业。

访谈者：这里老百姓生活状况是怎样的？与攀枝花市相比如何？

受访者：这里老百姓生活状况总体不如攀枝花市，这里两极分化现象严重，一些煤老板很富有，但大多数老百姓很穷。

访谈者：三线企业在这座城市的影响力如何？

受访者：三线企业在这里的影响没有攀枝花大，这里的三线企业名叫盘江矿务局。

个人访谈记录重点内容之十二

访谈主题：六盘水市城市转型发展现状

访谈者：代璐遥

受访者：六盘水市盘江县副县长

访谈时间：2019年4月2日20时43分

访谈方式：电话访谈

访谈过程：

1. 关于六盘水市转型发展状况

访谈者：六盘水市转型发展状况是怎样的？

受访者：六盘水市是三线资源型城市，在煤炭方面有独到之处，在规模上和煤的品质、品种方面在国内都有一定的知名度。它的煤主要服务于攀枝花市，有称六盘水市和攀枝花市是"姊妹城市"的说法。当年三线建设时期，毛泽东主席曾经说"建不建一个钢厂是战略问题"。六盘水因煤而生，主要还是配套于钢铁厂，这些是六盘水市的历史沿革。

访谈者：目前六盘水资源储量状况是怎样的？

受访者：这里的资源禀赋很好，号称"江南煤都"，在储量和质量上都非常有优势，但是从城市的发展来讲，特别是近几年，煤炭经历了"黄金十年"后，又经历了一个调整期，很多煤矿企业进入了举步维艰的阶段。这个历程到2017年年初，随着钢铁工业的走势，发生了一些变化，整个煤炭企业这十几年发展情况与我们的钢铁企业比较类似，变化十分剧烈，变化曲线很陡。六盘水市和攀枝花市都面临转型问题，因为资源型城市都会面临一个问题，就是因资源而生，不一定因资源而兴。所以都在尝试做一些转型工作。这几年我们看到六盘水市的经济总量虽然不错，但是城市二元制结构问题还比较突出，广大的农村地区发展还不均衡。另外发展的后劲和潜力不太充分，主要的经济增长和来源还比较单一，所以他们也做了一些转型方面的工作，整个转型过程比较漫长，但还是有成效，比如像民生比较关注的服务业、高新材料、新科技、新技术等。六盘水是山区城市，在旅游业方面也做了一些工作，虽然收效不大，但迟早是要做的，早一些做，可以更早收获发展红利。

2. 关于贵州省和六盘水市的交通情况及其影响力

访谈者：六盘水的交通情况是怎样的？

受访者：从精准扶贫的角度出发，整个贵州省这几年在交通基础方面做得比较好，高速公路里程综合排名以及实际交通条件目前在国内都能比较抢眼，高铁已经通到了六盘水市的盘县，盘县站是沪昆高铁的其中一站，今年城际铁路要通车了，也就是说它的人员进出已经非常便捷，甚至在整个西南地区都是靠前的，这一点比攀枝花强太多了。

访谈者：贵州的高速公路一定对经济起到了促进作用吧？

受访者：是的，到目前为止便捷的交通产生的吸引力已经显现出来了，尤其像贵阳这类省会城市，吸引了不少人才和投资。六盘水这座城市产业比较单一，但随着基础环境的改变，政府也做了一些有意识的引导，产业单一这块短板很快就会被打破。目前六盘水做的主要是在某一产业展开工作，如高新产业、

　　　　新材料产业链条的建立，传统产业链条的补链与延伸工作，以及固有产业的强链工作。

访谈者：政府在其中发挥了怎样的作用？

受访者：政府发挥了非常大的作用。政府在"十三五"规划和"十四五"规划方面有很多宏观规划，同时做了一些具体规划，在做好服务等多方面都起了很大的作用，做了很多的工作，使整个城市在外部看来呈现出了生机勃勃的一面。

访谈者：总结今天访谈的内容，在六盘水市发展转型过程中，交通起了奠基性作用，政府在管理方面起到了极其重要的作用。

3. 对六盘水市转型发展的建议

访谈者：您个人对六盘水市转型发展有什么建议吗？

受访者：政府做事情应该持之以恒。政府目前已经基本能做到科学化和理性化决策，最好能坚持下来。

个人访谈记录重点内容之十三

访谈主题：六盘水市城市转型发展现状

访谈者：代璐遥

受访者：六盘水市一家资源型企业

访谈时间：2019年4月2日21时19分

访谈方式：电话访谈

访谈过程：

1. 关于六盘水市资源型企业的发展现状与困境

访谈者：请问你们企业发展的现状是怎样的？

受访者：我们企业是资源型企业，煤炭是不可再生资源，现在企业正处于一个需要转变的时期，需要一个合适的转变发展机会，单靠以往单一（煤炭开采）发展已经不行了，整个企业进入了一个瓶颈期。

访谈者：企业目前的经营状况是怎样的？

受访者：现实困境比较多。我们企业现在的情况是首先把煤挖出来，变成钱，我们属于生产的最原始阶段，没有深加工，全部是卖原材料，需要产业链延伸，才能进入一个良性循环阶段。目前我们生产的产品只是基础部分，东西卖出去了，产品的价值却没有体现出来，利润太低。

访谈者：你们公司在管理方面的现状是怎样的？

受访者：我们企业是外资企业，是外资在中国投资的企业，在管理方面还是比较先进的，采用的是金字塔式的管理模式。每一层都只对自己上一层汇报和负责。我们企业的管理理念是比较新的，目前的问题主要出在产业链延伸方面。

访谈者：目前六盘水地区的城市交通对于企业的影响情况是怎样的？

受访者：我们公司的产品主要是通过火车运输和陆上汽车运输，目前已经比较方便，交通问题已经不是主要问题，因为国家在我们这里交通方面的投入比较大，很重视，做得比较好。

2. 关于企业发展的困境

访谈者：你对公司未来的发展有些什么建议？

受访者：企业的发展要多元化。第一，要对产品进行深加工。第二，要引进新的项目。目前我们的管理制度是比较规范的，但经营范围太狭窄。

3. 关于人才方面的情况

访谈者：你们公司在人才引进方面的情况是怎样的？

受访者：我们公司有一个人才资源储备部，在这里有多方面的人才储备，人才随时都可以补充进来。另外，矿上的中层管理人才，通常要从每年的在校生中招一批进行培训，因此，我们的人才储备是比较充足的。

访谈者：你们企业人才的流动大吗？

受访者：比较大。因为全国的资源型企业比较多，有很多重叠岗位存在，也就是就业机会也比较多，有些人希望寻求更好的发展，我们也允许他们离开。另外，我们每年都要进10到20个人作为人才储备，如果岗位需要，可以进行更深层次的培训，接着再到矿山进行实地培训。所以，我们目前的领导班子平均年龄只有40岁左右，也就是非常年轻化。

个人访谈记录重点内容之十四

访谈主题：六盘水市城市转型发展现状

访谈者：代璐遥、蒙丹

受访者：负责与六盘水市三线企业贸易往来的攀钢贸易部员工

访谈时间：2019年4月6日14时15分

访谈方式：面对面深度访谈

访谈地点：攀枝花学院静明湖边

访谈过程：

1. 关于六盘水市三线企业的发展现状

访谈者：您现在在攀钢贸易部工作，负责六盘水市三线企业的贸易，需要经常到那里出差，您能不能讲一下六盘水三线企业的现状？

受访者：我们与六盘水的往来，主要是需要那里的煤炭，经常到他们那里，对他们的认识主要是这个城市的煤炭比较多，主要是一个资源型城市，以煤炭为主，工业总产值还可以，普通老百姓的生活水平还是偏低，普通市民的观念比较落后。我们去得最多的就是盘江股份，盘江股份属于盘江矿业公司，是一个三线企业，它们的煤主要是销往攀钢，每天向攀钢供应的煤炭都是两个专列，大概100节火车皮，是攀钢最紧密的合作伙伴，是攀钢的战略合作客户。他们的人员工资都比较低。

访谈者：他们企业生产状况怎样？

受访者：生产状况比较良好。虽然是资源型企业，但是企业效率提不上去，普通职工的工资比较低。

访谈者：是不是由于企业管理生产方面还存在着问题？

受访者：总的来说，管理是不到位的，在增加企业效益、提高职工工资方面做得不是很好。

访谈者：是不是由于传统的计划经济模式对这些公司的影响还比较大，他们对市场的关心程度不够？

受访者：传统的计划经济模式对他们的影响还比较大，他们的思想还没有开发出来，管理模式还比较陈旧、比较固定，还属于传统的计划体制管理模式。

访谈者：这个城市的交通状况还不错吧？

受访者：目前六盘水的交通状况相当不错，早就通了高速公路，从盘州到六盘水，再到贵阳这条线，不管是铁路还是高速公路，都通了。去年（2018年）从昆明到盘州的高铁也通了，在人员进出方面，它的交通已经非常方便了。

访谈者：企业效益方面的问题，主要是出在管理方面吗？

受访者：是，企业效益低主要是管理方面的原因，这对企业效益影响很大。

访谈者：六盘水这个城市也在转型，转型的主要困境不是交通问题，而是企业管理和观念落后的问题，对吗？

受访者：是，城市转型的主要困境不是交通问题，而是企业管理和观念落后的问题。

访谈者：你认为六盘水市城市转型未来还有哪些潜力可以挖掘？

受访者：现在市政府正在加快发展农业这一块，因为这个城市主要人口还是农业人口，还是以农业为主的城市。

访谈者：这个城市的旅游业发展怎样？

受访者：六盘水市的旅游业目前发展得相当不错，这与它独特的地理位置有关系。这里天气比较好，夏季凉爽，一年中平均气温只有19℃，被称为"凉都"。

访谈者：你对这座城市或企业发展有些什么建议？

受访者：主要是转变观念。当地人思想不容易接纳新事物，因此在引进人才方面应多做一些工作，从而逐渐达到转变他们观念的目的。

访谈者：我总结一下这次谈话的内容。目前六盘水市的交通情况是不错的，好的交通对城市的旅游业产生了比较大的促进作用。在管理方面还存在较大的改进空间，对企业和整个城市转型还存在不利的影响，所以目前六盘水市的城市转型发展情况不是太理想。

受访者：对，不太理想，主要是农民及其周边的人受教育程度不高，对社会秩序规范了解比较少，遵守社会规范秩序的意识还不强。